Cuidado!

Seu Príncipe pode
ser uma Cinderela

TICIANA AZEVEDO E CONSUELO DIEGUEZ

Cuidado!
Seu Príncipe pode ser uma Cinderela

Guia prático para identificar um gay no armário

Ilustração de capa
Bruno Drummond

CIP-BRASIL. CATALOGAÇÃO-NA-FONTE
SINDICATO NACIONAL DOS EDITORES DE LIVROS, RJ.

A986c

Azevedo, Ticiana
Cuidado! Seu príncipe pode ser uma cinderela: guia prático para identificar um gay no armário / Ticiana Azevedo, Consuelo Dieguez. – Rio de Janeiro: Best*Seller*, 2010.

ISBN 978-85-7684-465-5

1. Relação homem-mulher - Humor, sátira, etc. 2. Homossexualismo masculino. I. Dieguez, Consuelo. II. Título.

10-1270.

CDD: 306.7
CDU: 392.4

Texto revisado segundo o novo Acordo Ortográfico da Língua Portuguesa.

Título original:
CUIDADO! SEU PRÍNCIPE PODE SER UMA CINDERELA

Copyright © 2010 by Leonor Consuelo Sperotto Dieguez e Ticiana Pereira Azevedo

Capa: Sense Design
Ilustração de capa: Bruno Drummond
Editoração eletrônica: Abreu's System
Ilustração de vinhetas: Igor Campos

Todos os direitos reservados. Proibida a reprodução,
no todo ou em parte, sem autorização prévia por escrito da editora,
sejam quais forem os meios empregados.

Direitos exclusivos de publicação em língua portuguesa para o Brasil
reservados pela
Editora Best Seller Ltda.
Rua Argentina, 171, parte, São Cristóvão
Rio de Janeiro, RJ – 20921-380

Impresso no Brasil

ISBN 978-85-7684-465-5

Seja um leitor preferencial Record.
Cadastre-se e receba informações sobre nossos lançamentos e nossas promoções.

Atendimento e venda direta ao leitor:
mdireto@record.com.br ou (21) 2585-2002

À minha mãe, Ludy
A Cushi e a Luchino

Consuelo

Aos gays assumidos,
que sirvam de exemplo àqueles que ainda estão no armário.

Ticiana

Ao Edu

Sofia

AGRADECIMENTOS

A Joaquim Ferreira dos Santos, pela ideia! À querida Luciana Villas-Bôas, que acreditou e abraçou com tanto carinho nosso projeto. Ao querido Léo Monteiro de Barros, entusiasta de primeira hora.

A Alexandre Marcilio, Allan Pereira, Ana Maria Monteiro de Carvalho, Andrea Braga, Bel de Luca, Carlos Antônio Sampaio (Carlão), Chris Manhães, Denis, Duda Fragoso, Faust Maurer, Fernanda Masson, Fernanda Gurgel, Jan Theofilo, Joaquim Álvaro Monteiro de Carvalho, Jorge Bastos Moreno, Luciana Pessanha, Luiz Alberto Martins, Luiz Tucherman, Marban Goes, Marcelo Costa Santos, Marcia Parente, Monique Boot, Palmyra Garibaldi, Raul de Lamare, Rosa Nepomuceno, Sofia Cerqueira, Tati Torres, Teresa Cristina Silveira, Valéria Blanc, Viviane Andreatta e Washington Olivetto.

E a todos que colaboraram, direta ou indiretamente, para a realização desse guia, inclusive os que preferiram o anonimato.

PREFÁCIO

Quando Consuelo Dieguez e Ticiana Azevedo me convidaram para fazer o prefácio de *Cuidado! Seu príncipe pode ser uma Cinderela*, fiquei felicíssimo. E não apenas pela honra de ser o responsável pela apresentação do livro de duas excelentes jornalistas que conheço bem há anos. Mas porque, do alto de meus 44 anos de uma vida gay bem resolvida pessoal, comunitária e profissionalmente, o tema "gay no armário" é uma velha polêmica que sempre me intrigou. Afinal, biba no armário não é um fenômeno que atravanca somente a vida de mulheres disponíveis. É biba que atravanca a vida de outras bibas também. Se está no armário, tem medo de quê? A imagem que transmitem é a pior possível, é como se o fato de ser gay fosse, digamos, uma doença ou uma vergonha a ser escondida. E não a inevitabilidade genética e comportamental que é.

Há anos que se assumir gay deixou de ser aquela coisa caricatural dos programas e novelas de TV: a famosa (e ultrapassada) ideia de mulher-aprisionada-em-corpo-de-homem soltando a franga. As pintosas, tenham certeza, hoje são minoria. Barulhentas e exageradas, é verdade, mas uma minoria. E elas não se restringem mais às óbvias profissões que agora se pronunciam em inglês, tipo *hair stylist* (o velho cabeleireiro) ou *fashion stylist* (o mais atual produtor de moda), entre outras manjadas. Há encanadores que a-d-o-r-a-m entrar pelo cano. Simples assim.

O que não significa que o processo de se assumir gay seja simples num país machista, sexista, hipócrita e preconceituoso como o nosso. No universo gay tem de tudo: os que se assumem totalmente, vivendo uma vida sem segredos (ainda minoria, por incrível que pareça); os que se assumem para os amigos mais próximos, mas nada falam no trabalho ou para a família; os que se assumem para amigos e colegas de trabalho mais chegados, deixando na escuridão a família, e por aí vai. As variações de postura são imensas e dependem mais ou menos do nível de coragem, do ambiente ventilado em que se vive ou até mesmo da independência financeira.

Há ainda os gays que não se assumem nem para si próprios. Esses, infelizmente, são ainda maioria e a única forma de diminuir o fenômeno é reduzindo o preconceito, acabando com a falta de direitos de gays e lésbicas e disseminando inteligência e informação por onde se passa. Tal gente seria apenas uma caricatura de infelicidade pessoal não fosse por um motivo: muitos gays se casam, têm filhos e passam a levar uma vida dupla para lá de deplorável. São pessoas confusas que, sem a coragem de se assumir, ainda assim são individualistas e sem caráter a ponto de carregar uma mulher como sua refém sentimental pela vida a fora. Ou pior: apenas para manter as aparências.

Cuidado! Seu príncipe pode ser uma Cinderela é um livro divertido e bastante útil na tarefa de desmascarar a hipocrisia que parece anestesiar este país, tendo o bom humor como sua principal ferramenta. Ainda assim, eu gostaria de ser mais otimista, a ponto de achar que todos os engraçados e melancólicos casos descritos no livro esgotam o assunto. Não é o que rola.

Porque há os casos em que o marido engana muito bem, sim. E se veste mal. E embaranga com barrigas enormes de cerveja. E sai para jogar futebol com os amigos no fim de semana. E fala mal de gays. E que, nas horas vagas (e elas sempre existem, não se iludam), mantém fugidios (ou sistemáticos) encontros com homens e garotos em banheiros de shopping ou em quartos de hotéis baratos da cidade. Ou seja, são casos em que fica mesmo difícil para a mulher perceber o quanto seu casamento é de fachada, uma instituição que só desmorona quando ela recebe do médico a informação de que está com uma doença venérea. Ou quando Igor ("um sobrinho dele") liga e diz que, na verdade, a Coca-cola que você tem em casa é Fanta e que ele só decidiu ligar porque o marido parou de depositar a mesada que recebia há anos (caso verídico).

Eu conheço muitas mulheres casadas com gays que sabem que seus maridos são gays, mas não se importam porque o companheirismo compensa em muito a falta de sexo do casal. Querem amigas, mais do que sexo, o que particularmente também me intriga, ainda que o jogo seja limpo. O que impede esta mulher de encarar amigas como amigas e homens como homens? Abriu mão do orgasmo, fofa? Psicanalistas, por favor, se manifestem.

Falando nisso, há uma realidade incômoda para a maioria das mulheres descritas neste livro. Uma mulher que se casa com um "gay quase traveco" e não enxerga que o marido é esposa também tem um problema, vocês não acham? O que cega uma mulher para o fato de que seu marido/namorado/pretendente se monta e se produz mais que ela? Não há carência afetiva que explique isso. O fato é que uma mulher que, do topo de sua carência, não enxerga que está casada com uma megabiba tem muito pouca chance de manter um casamento saudável com um homem hétero, que não chega a ser exatamente (a maioria) um poço de compreensão e paciência. E essa carência afetiva não seria o mesmo defeito que cega as mulheres para as traições escancaradas ou disfarçadas de seus maridos com amigas e prostitutas? Para o desrespeito com o casamento em si? Para a falta de apoio nas tarefas domésticas e na educação das crianças? Psicanalistas, por favor...

Gilberto Scofield

SUMÁRIO

	A história de Sofia	15
	Introdução das autoras	21
1	Entrando no armário	27
2	Espelho, espelho meu	43
3	Comportamentos suspeitos	57
4	Lendo as entrelinhas	77
5	Uma casa suspeita	99
6	Boa-noite, Cinderela	111
7	Morando juntos	129
8	A dura vida dos homens públicos trancados no armário	149
9	Ele e a internet	161
10	"Telma, eu não sou gay." Bissexualismo masculino existe? E ex-gay?	175
	Conclusão de Sofia	201
	Conclusão das autoras	205
	Conclusão de W.	207

A HISTÓRIA DE SOFIA

A ideia deste livro surgiu num começo de tarde, em Ipanema, quando voltávamos de um almoço com W., um amigo em comum. Estávamos parados na esquina da rua Garcia D'Ávila, esperando o sinal abrir para atravessarmos, quando, do outro lado da calçada, um rosto familiar nos dirigia um sorriso satisfeito. Retribuímos a simpatia, perguntando-nos entre dentes quem seria aquele mulherão que, sem dúvida, conhecíamos, embora não lembrássemos de onde. Ela esperou atravessarmos. Somente quando chegamos perto nos demos conta de quem era: Sofia. "Sofia?", perguntamos os três quase gritando, sem esconder o espanto. Ela riu da nossa surpresa, enquanto nos abraçava de forma efusiva. Sofia cruzara nossa vida em diferentes situações: como diretora de marketing de uma grande empresa, que tinha entre seus atributos atender aos jornalistas; num congresso para mulheres executivas; e em algumas entrevistas. Sofia sempre fora muito educada e solícita, mas extremamente contida. Era o protótipo da executiva bem-sucedida, profissional 24 horas por dia. Sabe como é? Usava terninhos

Armani, sobre camisas impecavelmente passadas. Os cabelos, na altura dos ombros, estavam sempre cuidadosamente escovados, sem um fio sequer fora do lugar. Boas joias, bons sapatos, perfume e maquiagem discretíssimos. Mas a postura era rígida, um tanto masculina. O sorriso, sempre estudado. Com voz firme e segura, ela discorria sobre números, desempenho, balanços, estratégias da empresa. Uma mulher com quem qualquer pessoa teria segurança em trabalhar, mas era difícil imaginá-la rindo e se divertindo com amigas num final de tarde.

Sofia, para sermos francas, não tinha a menor graça. Era aquele tipo de pessoa para quem tudo parece ter um propósito, um objetivo, uma meta. Alguém com a vida absolutamente sob controle: trabalho, casa, marido. Tudo funcionando como uma empresa. O marido, aliás, era um capítulo à parte. Nós o vimos algumas vezes em encontros de trabalho. Chamava-se Eduardo e prestava consultoria em marketing político. Um homem bem alto e sarado. Como ela, usava ternos bem-cortados, de marcas famosas, e camisas engomadas. Ele nunca parecia amarrotar, entendem? O problema maior era o cabelo. Como ela, também parecia mantê-los escovados como se tivesse acabado de sair do salão.

Certa vez, uma amiga combinou com ele um almoço de trabalho. Como não se conheciam, ele deu sua ficha: "Sou alto, 1,90m (ele frisou), louro, de olhos azuis." Nossa amiga contou que, quando desligou o telefone, pensou imediatamente: ele é gay. "Não é possível um homem se descrever assim. Do jeito que ele falou, parecia que estava se candidatando a um emprego de modelo", ela explicou. "Um homem diria, no máximo: 'Olha, eu sou altão, ou, sou um grandalhão que você vai ver por lá.'" Achamos que nossa amiga estava sendo muito severa. Ele podia estar apenas querendo impressioná-la.

Outra vez alguém contou ter visto Sofia e Eduardo caminhando no calçadão em seus trajes de ginástica. Tudo de grife. Ele com shortinho e camiseta, estudadamente desarrumado, revelando a poderosa musculatura. Para sermos justas, se Eduardo não fosse tão plastificado, seria até bonito. Um tipo que chamaria a atenção de muitas mulheres. Sofia parecia idolatrá-lo.

De repente, ela sumiu. Deixou a empresa. Só nos disseram que ela andara adoentada e pedira demissão para fazer um curso no exterior. Nunca mais a vimos e, na verdade, nenhum de nós três chegou algum dia a pensar nela ou a falar a seu respeito. Simplesmente nós a esquecemos, como costumamos fazer com tantas pessoas de nossas relações de trabalho que entram e saem de nossa vida sem deixar qualquer marca.

Então, Sofia ressurgiu à nossa frente naquela tarde de março, em Ipanema. Ou o que restara de Sofia. Se é que restara alguma coisa. Sim, porque ou bem aquela Sofia que conhecêramos não existira e fora apenas uma máscara, uma representação, ou ela construíra uma nova Sofia. A mulher à nossa frente tinha um cabelão preto liso, cortado em camadas, abaixo dos ombros, com uns fios meio avermelhados (talvez por causa da henna usada para encobrir os brancos) que lhe davam um ar, assim, afogueado, sem trocadilho. Estava corada pelo sol e tinha uma aparência extremamente saudável. Uma mulher bonita, gostosa, quase chegando aos 50 anos, que chamava a atenção dos homens que passavam pelo nosso pequeno grupo parado na calçada. Usava um vestido azul-turquesa, um pouco acima do joelho, e uma sandalinha baixa que lhe conferiam um aspecto jovial. Ela sorriu marotamente ao perceber nossa incredulidade com sua nova imagem. Provavelmente tínhamos caras de tontos. "Vamos tomar um café e eu conto tudo para vocês. Vamos agora", ela sentenciou. Estávamos com pressa, mas aquele convite tão entusiasmado era irresistível. Além de nossa curiosidade, é claro. Nós três realmente queríamos saber como ocorrera a metamorfose.

Acomodados em dois sofazinhos num simpático café próximo dali, começamos a ouvir seu relato. Sofia falava sem drama. "Eu ressuscitei. Verdade. Morri e nasci outra pessoa", disse, rindo, enquanto não sabíamos se ríamos ou se nos compadecíamos. Ou ambos. Ela passou a mão no cabelo de um jeito extremamente feminino e continuou: "Eu estava na empresa, trabalhando como uma louca, daquele jeito que vocês me conheciam. Estávamos às vésperas de anunciar o balanço para os investidores e para a imprensa. Sob grande pressão, porque os resultados haviam sido pífios. Passei dias com uma forte dor de cabeça, uma tontura insuportável. Mas continuei trabalhando, claro. Achava que era frescura. Estresse. Até que, numa manhã, apaguei no elevador da empresa. Sabem o que é isso? Desmaiei. Acordei 15 dias depois no CTI, sem ter noção do que havia acontecido.

"Saí do hospital com planos de voltar ao trabalho assim que tivesse alta. Então, dois meses depois, quando os médicos me disseram que eu estava ótima e que podia voltar aos poucos à rotina, meu adorado marido me chamou para uma conversa séria. Agora se preparem. Sabem o que ele me disse? Bem, ele me chamou, pegou minha mão, baixou os olhos e falou bem assim: 'Sofia, preciso te dizer uma coisa. Eu estou apaixonado por uma pessoa.' Prestem atenção, ele disse pessoa. Meu coração disparou. 'Que é isso, Eduardo, que pessoa é essa?', perguntei com o que me restava de voz. Aí veio o pior, o mais surpreendente. Ele apertou ainda mais a minha mão e falou, candidamente: 'Sofia, a pessoa é um homem. Ele tem 28 anos, é artista plástico e estamos saindo há alguns meses...' Vocês podem imaginar o que é isso?", ela perguntou, enquanto nos olhávamos sem saber direito o que responder. "Eu comecei a ficar tonta. Achei que ia ter aquele treco na cabeça de novo. Aí ele me saiu com esta: 'Sofia, por favor, compreenda. Ele é um anjo que me foi enviado dos céus.' Gente, aí eu explodi. Explodi tudo que jamais tinha explodido nos meus sete anos de casada. Eu, sempre contida, sempre educada. Dei um pulo do sofá, arranquei minha mão da dele e comecei a berrar. "Enviado? Enviado? Ele é um viado. Isso, sim, é o que ele é. E você é outro viaaaaaaaaaaaado. Vi-a-do. Entendeu?" Nessa hora, nós quatro caímos na gargalhada. Era a primeira vez que víamos Sofia gargalhar.

"Depois, eu quis saber de tudo tim-tim por tim-tim. Desde quando ele era homossexual? Sabem o que ele respondeu? Desde sempre. Só nunca tinha tido coragem de assumir por causa do pai. Mas, depois da morte do pai, alguns meses antes do meu aneurisma, ele tomou coragem para se assumir", ela contou. "Eu fiquei muito pau da vida. Por que ele tinha feito aquilo comigo? Por que havia me usado aquele tempo todo? Eu tive muita, muita raiva. Então nos separamos e ele pediu para que eu não contasse nada para ninguém. Fiquei tão desnorteada que larguei a empresa e resolvi repensar a minha vida. Peralá, gente, o que eu estava fazendo comigo? Passei sete anos morando com uma bicha e não percebi? Só podia ser carência. Revi toda a nossa história. Desde o dia em que eu o conheci. Fui então me dando conta de um monte de sinais que haviam passado despercebidos. Sua fixação por perfumes, por cremes, aquela vaidade excessiva, aquele monte de roupas de grife. Aqueles tênis Prada. Caramba, tênis Prada???!!! Como não liguei logo uma coisa com a outra? Afora a relação umbilical com a mãe, que tinha até a chave da nossa casa (coisa que eu cortei logo). E aquele xaveco todo com os amigos, por quem ele me trocava nos fins de semana. E o sexo morno, morno.

"Aí, depois de chorar tudo o que tinha de chorar, pensei no que eu gostaria de fazer dali em diante. Fui para a Índia em busca de respostas. Entrei num Ashran e passei a praticar Tantra Yoga. Fiz também um curso de astrologia na Inglaterra e uma especialização em Tarô na Romênia. Agora vivo disso. Viajando, dando meus cursos, fazendo mapa astral, lendo cartas. Achei meu caminho."

Tomamos nosso terceiro café enquanto ouvíamos as histórias de Sofia. Ela parecia de bem com a vida, sem ansiedade. Depois ela contou que o que mais a impressionava era a quantidade de mulheres que procuram seu curso de Tantra Yoga para tentar seduzir seus parceiros. "Gente, existem mulheres que fazem um esforço danado para mexer com a libido de seus homens e nada. Às vezes, elas me contam seus problemas e eu penso: 'Esse homem é gay.' Agora eu estou escolada. Sabem o que eu queria mesmo? Queria escrever um livro alertando as mulheres sobre isso. Vem cá, vocês não querem me ajudar? Eu não tenho tempo para escrever porque viajo muito. Mas posso relatar minhas experiências para vocês, que são jornalistas, e vocês escrevem. O que acham?" Achamos a ideia genial. Até porque Sofia tem um ótimo humor e suas histórias não têm nada de amarguradas.

INTRODUÇÃO DAS AUTORAS

Este é um guia para ajudar mulheres inteligentes a identificar sinais sutis, e às vezes não tão sutis, de que aquele gato maravilhoso que ela conheceu na academia, na casa de um amigo, no café, no avião, no escritório, seja lá onde for, pode ser gay. Também é um alerta para aquelas que já conquistaram esse homem incrível – pode ser caso, namorado e, sim, querida, marido também – que tem um comportamento que às vezes ela diria ser, bem... um pouco suspeito. Nós sabemos que não é fácil. "Não, isso não pode ser", ela pensa, sacudindo a linda cabecinha para afastar essa ideia looouca.

Sim, é horrível. Mas, amiga, não despreze tanto assim seu sexto sentido. Dizem que somos tão boas nisso, não é mesmo? E, como diz o ditado, onde há uma dúvida, há uma certeza. Sejamos francas, para chegar a esse tipo de desconfiança, é sinal de que seu príncipe – e às vezes nem tão príncipe assim – pode mesmo ser uma Cinderela.

Não a estamos incentivando a largar o suspeito. Não. Você pode ficar com ele assim desse jeitinho. Pode haver coisa melhor do que uma companhia masculina para entrar em todas as lojas e ajudá-la a escolher roupas e maquiagens por horas a fio, sem reclamar? A pintora inglesa Dora Carrington, por exemplo, sabia que seu amado, o escritor Lytton Strachey, era gay e nem por isso desistiu dele. Pelo contrário, lutou por ele a vida inteira, competindo com todos aqueles rapazolas ingleses com jeito blasé.

Agora, se você abomina a ideia de estar com um homem que gosta da mesma coisa que você, e não quer ser surpreendida com uma confissão aterradora no dia do aniversário de 30 anos do seu filho, leia este guia prático com muita atenção. Ele pode conter respostas reveladoras às suas indagações. Sim, sim. O que para você são apenas indícios podem ser, na verdade, evidências.

O guia é resultado de nossas entrevistas com Sofia. Durante dois meses, encontramo-nos com ela todas as manhãs de terça-feira, para conversas que se estendiam por mais de três horas. Em algumas dessas reuniões de trabalho, nosso amigo W., que estava presente em nosso primeiro encontro, foi instado a participar. Ele foi uma espécie de contraponto aos exageros de Sofia. Ela parece ter um gaydar — uma espécie de radar de identificação de gays — ligado 24 horas por dia. Simplesmente acha que todo mundo é gay. Já W. acredita que, "infelizmente" (para ele, claro), ainda há muito heterossexual sobre a Terra. E acha, honestamente, que ela pega pesado.

Além das experiências pessoais e das análises de Sofia, estão relatadas aqui situações vividas ou presenciadas por homens e mulheres, homos e héteros, casados, solteiros, médicos, psicanalistas, arquitetos, professores de ginástica, de piano, recepcionistas de boates e de academias, vendedoras de sex shop, corretores de imóveis e, ufa, de um monte de palpiteiros que resolveram nos ajudar quando souberam do livro! São impressões de pessoas com olhar atento ao comportamento masculino nos mais diferentes lugares. Principalmente naqueles onde os homens ficam mais à vontade e em evidência, como nas academias de ginástica, em boates, na praia, caminhando no calçadão ou em páginas da internet. Ouvimos até a turma que vai a jogo de futebol. Sim, porque descobrimos, por meio de depoimentos preciosos, que o Maracanã, que pensávamos ser o último reduto dos héteros convictos, está coalhado de suspeitos. Ah, claro, ouvimos também aquela nossa amiga que detectou na hora que o lourão, alto e de olho azul de Sofia era gay.

Esclarecimento aos leitores
(ou sobre quem estamos falando)

Antes de iniciarmos você na arte da identificação de um suspeito, queremos deixar claríssimo sobre que tipo de gay estamos falando. Certamente não é sobre o gay caricato, escandaloso, que dá faniquito, pisca os olhinhos e levanta o dedo mindinho enquanto segura uma xícara de chá. Tampouco do gay assumido, sem qualquer trejeito — aquele sujeito elegante, que tem seu companheiro e que não esconde de ninguém suas preferências. Não, não. Certamente você tem todas as condições de perceber que rapazes desse tipo não vão querer nada com você. Estamos nos referindo àqueles gays que, não se sabe por quê, ficam por aí iludindo moçoilas, às vezes nem tão moçoilas assim, criando expectativas que jamais serão satisfeitas, deixando que elas se apaixonem, que caiam de quatro, que namorem e, horror dos horrores, que até se casem com eles. Então, um belo dia, após meses, anos ou mesmo décadas de frustrações — do tipo se sentirem pouco, pouquíssimo, ou, simplesmente, nada desejadas —, elas veem seu mundo ruir ao descobrir que seu Vítor é Vitória.

Ooooooopa. Calma, patrulha politicamente correta. Não nos crucifique ainda em suas gigantescas cruzes pintadas nas cores do arco-íris. Deixem-nos primeiro explicar que não temos nada contra gays. Ou, como diz Sofia: "Eles me adoram e eu também os adoro. Tanto que casei com um", diverte-se. Só não gostamos muito deles dentro do armário. Detestamos quando ficam por aí fazendo joguinhos de sedução, conquistando corações desavisados com seu bom gosto, seu corpo sarado, suas roupas de grife e sua disponibilidade (incrível, não é, como esse deus fica por aí dando sopa?), para disfarçar uma realidade que eles não querem assumir. Creia, amiga, identificar essas criaturas está cada vez mais difícil. Por isso vamos fazer aqui um pequeno trabalhinho para você.

Este é um guia divertido para você não perder tempo tentando adivinhar se aquele rapaz sobre o qual colocou seus olhinhos é ou não gay. Depois de ler os próximos dez capítulos, você estará apta a identificar se seu príncipe é uma Cinderela e, dessa forma, escapar de um investimento furado. Para isso, pegamos várias peneiras, até aquela bem fininha, e peneiramos todas as atitudes suspeitas. Algumas ficaram agarradas logo na primeira peneirada. Outras, menos óbvias, quase escaparam pelos furinhos. Mas foram capturadas bem no finalzinho. Meninas, podem confiar, não deixamos escapar nada. Nosso amigo W. acha até que, em algumas situações, fomos severas demais. Mas é que não queremos correr riscos.

Agora, atenção: não queremos criar neuróticas. Queremos apenas que vocês liguem suas antenas. E se, por acaso, toparem com alguns tipos suspeitos como esses descritos aqui, atentem para a sabedoria deste pequeno manual e saiam correndo. Depois, deem boas risadas. Como as que nós demos ao escrevê-lo.

Capítulo 1
PRIMEIRA PENEIRADA

Entrando no armário

Começaremos pelo óbvio: o armário do suspeito. Você não imagina o quanto esse móvel trivial pode ser revelador da personalidade de seu dono. Roupas separadinhas por cores e tecidos? Modelitos primavera, verão, outono, inverno? Trajes para manhã, tarde ou noite? Para uma saída com os amigos, para uma ida ao supermercado, para um fim de semana na praia, para um almoço na fazenda da tia? Ui, que bom gosto ele tem! Quanto capricho! Parece até mulher de tão vaidoso, não é? Mas preste muita atenção ao que você verá no armário dele. Seu querido pode emperrar logo na primeira peneirada: roupas e acessórios.

Nem só o Diabo veste Prada

Óculos de grife, relógio idem, alfaiataria moderna e também de grife. E o tênis? Prada, claro. Ops, tênis Prada? O suspeito ficou preso na primeira peneirada. Você acha que estamos exagerando? Que ele simplesmente é um cara de bom gosto, que "se curte"? Um homem moderno, ligado em moda? Um homem sem medo de ser tachado de gay só porque se preocupa demais com a aparência? Está bem, você acha que somos preconceituosas. Aliás, para nosso governo, você detesta homens básicos. Aqueles de calça jeans e camisetão solto. Tipos assim você chamaria de largados. Sem criatividade para se vestir. Caretérrimos. De mau gosto, até.

Já seu homem, ou aquele que você deseja até a morte, aquele fissurado em roupa de grife e em toda uma tralha de acessórios, você garante que não é gay. Tudo bem, a gente aceita. Mas, pelo amor de Deus, fique ao menos alerta para a marca do tênis dele. Alertíssima, aliás. Acredite nos depoimentos de várias mulheres que já viveram a experiência: gays adoram boas grifes (isso não quer dizer que sejam apenas eles). Mas pense rápido ou demoradamente, se quiser: Quantos homens que te deram um bom amasso usavam um tênis Prada?

Maia, uma amiga já alertada para a maldição da marca, foi almoçar num restaurante chiquérrimo com o ex-marido. Ela conta:

> *Quando ele sacou a carteira para pagar a conta, dei um grito. Veio garçom, gerente, até um cliente se aproximou para saber o que ti-*

nha acontecido. Café pelando no meu vestido de seda? Uma arma apontada sob a forma de uma carteira? Ou, pior, uma barata? Eu, histérica, só sabia repetir: "Você está usando uma carteira Praaaaaaaaada!!!! Ninguém em volta entendeu nada. Eu, porém, diante do objeto identificado pelo triângulo de metal, confirmei as suspeitas que vinha levantando havia tempos. Meu ex é gay. A carteira era o que faltava para fechar.

Sofia: Esse negócio de fissura por marca é tão óbvio que só uma tonta não desconfia. Mas, pensando bem, eu era essa tonta que achava lindo o interesse do meu ex por roupas e sapatos de grife. Achava chique. Juro. Então, querida leitora, para que você não caia na mesma armadilha que eu, fique atenta se o seu homem tem interesse exagerado por marcas. Para confirmar, só vou lembrar um trechinho do filme *Legalmente loira*.

Num tribunal, a testemunha, um latino, limpador da piscina da viúva suspeita de ter assassinado o marido milionário, garante ser amante da ré. Em seu depoimento, afirma que ela assassinara o marido, de idade avançada, para ficar com ele, o amante novo e viril. Na sessão seguinte, pouco antes de o júri começar, o suposto amante latino passa, grosseiramente, à frente da jovem advogada da ré, Elle Woods (personagem de Reese Whiterspoon), no bebedouro. A moça, irritada com a grosseria do rapaz, começa a bater o pé em sinal de desaprovação. Ao que ele reage:

— Não adianta bater esse seu sapatinho Prada da coleção passada, meu bem, porque eu vou continuar na sua frente.

— Coleção passada? — indigna-se a advogada patricinha. Naquele instante, porém, ela teve seu brilhante insight.

Elle entra empolgada na sala do júri, contando a seus colegas de defesa:

— Ele não pode ser amante da nossa cliente porque ele é gay, ele é gay!

— Como? — perguntam os colegas sem entender nada.

— Que sapatos são esses? — ela pergunta a um dos advogados.

— Ora, sapatos pretos — responde o colega hétero.

— Estão vendo? O limpador de piscina não é amante da nossa cliente. Ele está mentindo.

— Como você sabe que ele é gay?

— Gays conhecem designers. Héteros, não — ela responde. — Só um gay saberia a marca do meu sapato.

O advogado medalhão esnoba a teoria da jovem. Mas outro advogado da equipe, novato e brilhante, resolve testar a tese. Faz várias perguntas seguidas ao limpador de piscina e, inesperadamente, sai com essa:

— E o nome do seu namorado?

— Chuck — entrega-se a testemunha mentirosa.

Com isso, ganham a causa a favor da viúva.

"Na verdade, sempre se arranja uma desculpa. A gente percebe que ele não tem um sapato da Mr. Cat em casa, um sapato nacional. É tudo Gucci, Ferragamo, Prada. Não consegue ter uma grifezinha simples, e a gente acha que é porque ele é chique, porque ganha bem", conta Cibele, outra amiga, sobre um ex-namorado. "Tudo isso é pra mostrar para os outros. Meu ex era capaz de devorar uma roupa de marca com os olhos e me ignorar no meu vestidinho sexy. Agora ele arrumou um amigo que nem ele. Não se separam. Encontrei os dois juntos num café. Chiquérrimos, diga-se de passagem. Tenho certeza de que aqueles ternos justos e super bem cortados eram de grife. Bom gosto ele tem. Isso, eu não posso negar."

Sofia: Esse excesso de vaidade, sinceramente, não corresponde ao perfil masculino.

Nosso amigo W., convidado para ajudar a identificar gays no armário, diz que existem exceções:

W.: Vai que o cara ganha de presente da mulher, das filhas ou da namorada. E tem outra coisa, Sofia, acho que você está muito preconceituosa com essa história. Marca virou sinal de status e tem muito mané comprando óculos Ralph Lauren pirata em camelô só para parecer mais chique. E não é gay, necessariamente.

Sofia: W., só para esclarecer, estou falando de abuso no uso de marcas, e não de uma ou outra peça que o cara tenha comprado ou, vá lá, ganhado de alguma mulher.

ENTRANDO NO ARMÁRIO

Ele viaja para fazer compras

Vamos combinar: hétero não viaja para fazer compras. Vocês podem imaginar um hétero indo para Miami comprar roupa? Claro que não, né? Eles não conseguem ficar nem dez minutos numa loja. Prestem atenção no e-mail que recebemos de Dayse, uma jovem advogada com suspeita das atitudes do namorado.

> *O Ed tem um comportamento meio estranho. Convidei-o para passarmos um feriado prolongado em Saint Barth, ia ser uma espécie de lua de mel, sabe? Sol, praia, jantar à luz de velas e muito beijo na boca. Mas ele disse que era besteira gastar um dinheirão numa viagem dessas e sugeriu que fôssemos para Miami. "Imagina o que a gente pode fazer de shopping em Miami com o que gastaríamos em Saint Barth?", ele me disse.*

Sofia: Sem dúvida, a atitude do rapaz é mais do que suspeita. Depois de saber de minha desgraceira, uma amiga contou-me de um namorado que, quando viajavam, demorava duas vezes mais do que ela em lojas de departamentos. Ele experimentava trezentos sapatos diferentes. Um dia, ele disse que, se tivesse ficado mais tempo no útero da mãe, teria nascido mulher. Ela pediu para ele não repetir aquilo, embora achasse que era só uma brincadeira. Hoje, não são mais namorados. Ele está no segundo casamento e tem uma filha que é uma princesinha. Com seus frescos dois meses, já veste Burberry, Dior e outras marcas de primeira linha, que também se encontram no armário do papai. Essa amiga o viu certa vez empurrando o carrinho do bebê, e ele foi logo anunciando: "Repara só no macacãozinho dela, é Dior." Ele nunca assumiu nada. Mas ela, com distanciamento crítico, já não tem mais dúvidas. Sua saída do armário é só uma questão de tempo.

Ele fica de olho na sua roupa

Ele repara nos mínimos detalhes da roupa que você está vestindo? Demonstra interesse exagerado no seu sapato, na sua bolsa, no seu anel? E ainda quer saber onde você comprou? Claro que a gente gosta de elogios. De ouvi-los dizer que estamos lindas, cheirosas e maravilhosas. Mas comece a desconfiar se o suspeito reparar na microargola do seu sapato, ou perceber aquela costura diferente e ma-ra-vi-lho-sa do seu vestido, que só uma mulher repararia.

Suspeite também daquele homem que repara no modelo do sapato. Uma amiga comum contou que certa vez saiu com um sujeito e, lá pelas tantas, ele soltou esta pérola: "Adorei seu scarpin." Ela fez uma enquete com seus amigos héteros e a maioria não sabia o que era um scarpin, uma echarpe ou uma pashimina. Tempos depois, ela encontrou o suspeito num shopping de mãos dadas com um cara.

Rosa é uma mulher bonita e elegante, já perto dos 60. Magrinha, bem cuidada, só usa roupas supertransadas. Essa mulher charmosérrima e muito antenada foi convidada para uma dessas feijoadas badaladas que vivem rolando no Rio. Durante o almoço, conheceu um cara que achou bem interessante. Sentados à mesma mesa, conversaram durante todo o tempo. Acabaram trocando telefones. Dois dias depois, ele ligou e convidou-a para jantar. Rosa se animou.

Colocou uma saia de seda preta esvoaçante, fez uma produção discreta e lá se foi para o encontro carregando sua bolsinha preta com um detalhe de oncinha, bem discreto. O jantar estava correndo às mil maravilhas. Tudo bem que Paulo, como ela nos contou depois, falava sem parar. Ela chegou até a temer que ele se engasgasse. Mas Rosa estava lá, impávida, fazendo caras e bocas. A melhor plateia que ele poderia ter. Então, ela pediu licença para ir ao toilette. Quando se levantou, ele exclamou: "Ai que linda!" Ela ficou lisonjeada. Mas, em seguida, veio a grande decepção: "Ai que linda essa sua bolsinha com esse detalhe de onça!" Rosa aceitaria tudo. Até que ele dissesse "ai que saia linda!". Mas a bolsinha era um pouco demais. Ela pensou, na hora, em responder: "Quer dar uma voltinha, santa? Eu te empresto." Nós ficamos impressionadas com sua rapidez em sacar que ele era gay. "Gente, eu sou uma mulher de quase 60 anos. A essa altura, não dá mais para se enganar", ela nos explicou, dias depois do fatídico jantar. "Homem fascinado com bolsinha? Não dá, né?" Ele ainda voltou a procurá-la algumas vezes, mas Rosa decidiu que não perderia tempo com aquela história.

Mas, hoje em dia, a mulher não precisa chegar aos 60 para sacar qual é a do cara. Valentina, uma menina de apenas 5 anos, ficou intrigada com a curiosidade de um coleguinha que quis saber se seu avô tinha outros sapatos, além do tênis preto que usava a maioria das vezes em que pegava a netinha na escola. "Que pergunta estranha, né, vô? Isso não é coisa de mulher?", indagou a menininha.

Sofia: Definitivamente, homem não tem que entender de moda feminina. Aquele tipo que olha a sua sapatilha e comenta "Ai que chique, onde você comprou?", ou "Nossa, essas pérolas que você está usando são lindas. São de família?", está mais interessado no acessório do que no conteúdo. Sabe aquele tipo a quem você dá a bolsa para segurar por um minuto e ele comenta: "Hummm, Miu Miu!"? Fuja!!!!

Há um poema de Goethe em *Elegias Romanas* que eu simplesmente adoro. Não só por ser belo, mas por ser revelador do que um homem deseja de uma mulher. Um homem encantado com sua dama não está preocupado com brincos, anéis, pulseiras e bolsinhas. Muito menos precisa viver cercado de gente, badalando, vendo e sendo visto. O que ele quer é sua dama por inteiro. Só os dois. Ai, desculpem meu romantismo exagerado. Fiquem com o poema. E me digam se não é lindo.

Banquetes e sociedade, passeios, jogos, ópera e bailes / Só roubam o tempo mais conveniente ao amor. / Repugnam-me esplendor e cerimônias, pois afinal / Não se levantará a saia de brocado tal como a de lã? / E se ela quiser acomodar o amado entre os seus seios, / Não desejará ele libertá-la logo de todos os adornos? / Não deverão joias e rendas, estofos e ganchos / cair todos antes de ele poder sentir a bela? / Mais perto a teremos! E já a tua sainha de lã desliza / Em pregas para o chão quando o amigo a desprende. / Apressado, leva a rapariga, em leve linho envolvida, / Como o faria uma ama, para o leito gracejando. / Sem cortinados de seda e sem colchões bordados / Acomodam-se os dois no quarto vazio. / Toma então Júpiter mais da sua Juno. / E delicie-se o mortal, se mais o conseguir. / Deleitam-nos os prazeres do verdadeiro Amor nu / E o doce ranger da cama que balança.

É lindo, sim, Sofia. Goethe parecia realmente apreciar uma mulher. Quem não sonha com um homem sensível, inteligente, bem-sucedido e amante ardoroso? Mas voltemos à realidade de dois séculos depois da passagem do nosso doce e viril poeta sobre a Terra. Homem, desde os tempos imemoriais, se liga no conjunto, e não nos detalhes. A não ser que o detalhe seja aquela pintinha que você tem atrás da orelha. Ou a delicadeza do seu dedinho do pé. Se a preocupação dele é com o desenho do fecho de sua pulseira, por favor, esqueça. Ele não fará poesia alguma com você.

Ele adora celular, relógio, corrente, anel, brinco e óculos

Ele tem vários modelos de celular, com capinhas diferentes para variar de acordo com a ocasião. Tem uma coleção considerável de relógios de todas as marcas: um para a praia, outro para o campo, outro para cavalgar, outro para esquiar. Óculos, então, uma gaveta cheia no closet: pretos, marrons, cinza, grandes, pequenos, médios, espelhados, que ele varia conforme a roupa (de grife, claro). Fora uma discreta caixa de couro com alguns acessórios, como corrente de prata, de ouro, brinquinho com um brilhante, uma aliança grossa de prata e madeira bem moderna. Vem cá, isso não é coisa que você esperaria de um homem, não é? Ou você acha normal o rapaz ser fissurado nesse monte de acessórios? Uma pergunta: com tanta bugiganga do lado, ele tem tempo de olhar para você com desejo? Seja franca. Ele perde mais tempo te acariciando ou tentando descobrir os programas do celular?

Uma mulher de meia-idade nos fez a seguinte consulta:

> *Estou de namorico com um cara que tem uma coleção de relógios. Quadrados e redondos de diversos tamanhos com correias e mostradores também variados. Ele se veste para sair e, depois de pronto, escolhe o modelo mais adequado, considerando as cores da roupa, a ocasião e outros critérios da mais alta importância. A princípio, o lado gay para por aí. Mas vocês acham que posso vir a ter alguma surpresa?*

Sofia: Tem um baião nordestino que eu acho muito divertido. Tudo bem, você pode achar de um tremendo machismo, mas combina com esse senhor aí de cima. Ele diz assim: "Cabra que usa pulseira, no pescoço medalhão, cabra assim desse jeitinho, no sertão do meu padrinho, cabra assim não tem vez não." Não preciso dizer mais nada, não é, querida?

Ele é despojado

Seu querido é low profile, discretíssimo, desligado desse negócio de roupa de grife. Mas, gozado, ele tem uma coleção de sandálias Havaianas? De todas as cores e estampas? Tão despojado ele, não é? Usa sandália Havaiana com calça jeans rasgada porque não está nem aí pra roupa. Mas a gente queria que você fosse uma mosquinha e chegasse à casa dele umas duas horas antes de vocês saírem. Aposto que descobriria que ele troca umas dez vezes os cinquenta mil modelos de sandálias para ficar o mais despojado possível. Tudo na mais perfeita combinação (ou descombinação), com aquela calça jeans rasgada e aquele camisetão charmosérrimo meio desbeiçado. Querida, dê uma olhadinha e você vai descobrir que aquele camisetão é de grife, e está estudadamente de acordo com o resto da indumentária.

Sofia: Esse negócio de homem embarcando em avião de sandália Havaiana pra mostrar que não está nem aí pra roupa, ai minhas lindas, não se iludam. Tudo estudado. Sinto muito, mas não tem nada mais suspeito que esse estilo casual fashion. Outra coisa é esse tal de metrossexualismo, da qual eu era a maior entusiasta. Querem saber de uma coisa? Não acredito mais nisso. Prefiro aderir à teoria de um amigo meu, gay assumidíssimo e sem frescura, que garante que metrossexual só o italiano, que é assim desde que nasce: veste grife, se depila, faz sobrancelha, bronzeamento artificial, cabelo e unha. Ele complementa sua teoria lembrando que David Beckham é inglês e o Cristiano Ronaldo, português! Já o francês é afetado mesmo, a língua ajuda. Ou aquele elegante foulard no pescoço seria um indício?

Vejam as dicas desse meu amigo:

- Sunga australiana da marca Aussiebum (tradução: bunda australiana). É tão viada que o slogan da marca é: "If you doubt yourself, wear something else."

- AberCrombie and Fitch, marca americana também super na moda, os gays adoram.

- Jeans GStar: megagay.

Eu, sinceramente, acho que sungas de banho brancas ou coloridas não são aceitáveis. Se ele usa sungas assim é porque quer mostrar alguma coisa. Sou radical, só aceito cores escuras. Se passar com sunga colorida na minha frente, meu gaydar vai apitar mais que chaminé de navio deixando o porto.

W. também foi consultado sobre esse item importantíssimo no guarda-roupa de um homem: a sunga. Ele achou que Sofia passou dos limites em sua paranoia.

W.: Até sunga colorida? Eu tenho uma amarela e vocês sabem que eu não sou viado. Só porque a Sofia viu um gay usando uma já tacha todos os outros homens de gay? Assim não dá. Desse jeito, ninguém vai passar nem pela primeira peneirada; imaginem a última.

Sofia: Querido W., gato escaldado tem medo de água fria, sabia? Agora sou radical, melhor pecar por excesso de cuidado do que por omissão.

W.: Para com isso, Sofia. Você está projetando seu ex-marido em todos os outros homens. Vai acabar obcecada.

ENTRANDO NO ARMÁRIO

Capítulo 2
SEGUNDA PENEIRADA

Espelho, espelho meu

Ainda estamos na segunda peneirada, quando a vaidade salta pelos poros, sem camuflagem. Então, ponha sua roupinha de ginástica e vamos dar um pulo na academia. Ali, entre aqueles gatos sarados com "six packs" — o quê, você não sabe o que são *six packs*? São, na definição dos próprios gays, aqueles gominhos maravilhosos que fazem a famosa barriga de tanquinho. Pois conforme-se: você vai encontrar pouquíssimos tanques onde lavar sua lingerie. Sentimos decepcioná-la, mas dificilmente eles são cultivados para agradar a nós, mulheres. Muito menos os trabalhados em academias, onde você eliminará boa penca desses Apolos que nunca a convidarão para seus Olimpos.

Para não desperdiçar bateria de seu gaydar, comece eliminando aqueles que se veneram diante do espelho. Descarte também aqueles com mais de 40cm de circunferência de bíceps. Poucos, pouquíssimos, escaparão. Malha em dupla? Fala baixinho com o parceiro de malhação? Numa dupla, um deles é pelo menos 10 anos mais velho? Blip, blip. Blip... Ele malha bumbum? Uauuuuu, nosso gaydar disparou... Está achando que é perseguição aos bonitões? Então leia a próxima. Quem nos conta é um personal trainner de uma badalada academia da Zona Sul do Rio de Janeiro.

Ele na academia de ginástica

Tem um cara aqui na academia que fica de duas a três horas só na área de peso livre. Outro dia fiquei sabendo que ele leva barrinha de cereal pra boate, porque é aquele tipo que se alimenta a cada três horas. Enquanto os outros bebem, ele só toma água, para se manter hidratado. Come a mesma comida todo santo dia. O pessoal brinca muito, porque, quando a mulherada dá em cima, ele não pega de jeito nenhum. Uma vez diz que é porque a mulher é muito chata, outra porque o cabelo é ruim. Já reclamou até de celulite. Outro dia, numa festa, uma gatinha maravilhosa chegou nele, e ele mandou a seguinte desculpa: "Poxa, mas você viu a roupa que ela está usando?..." Sempre tem um empecilho para não pegar mulher. Nenhuma presta. Quando uma gata passa na academia, ele cumprimenta como se fosse outro homem.

Sofia: Homem que vive rejeitando mulher por causa de roupa, cabelo, sapato, celulite? Esse não está nem preocupado em disfarçar, né?

Nem precisa ser tão esperta assim. Mas eu fico impressionada com essas meninas, que ainda insistem em acreditar que seus príncipes encantados podem ser essas beldades que têm orgasmos na frente de espelhos de academias. Eu me lembro do que um amigo gay me disse: "Chegou numa festa, pode ter certeza que os homens lindos, de barrigas saradas, corpos esculturais e bem-vestidos são todos gays. Os com barriguinha saltada, roupa que não chama a atenção, provavelmente são os héteros. Console-se com eles."

Sorry, mulheres, mas a regra é essa. Ah, as exceções existem? Existem, sim, mas são exceções.

É, Sofia, o pior é quando a mulher acha que foi brindada com uma dessas gloriosas exceções. Uma amiga nossa nos contou que, na academia em que malha, havia um casal de lindos: ele, modelo, inclusive já havia posado para um outdoor do Shopping Rio Sul. Ela também era uma gatíssima. Dava gosto ver aquele casal perfeito. Estavam juntos havia seis anos, noivos, de casamento marcado. Um dia, um professor que tinha mania de brincar com as alunas a viu pensativa e soltou: "Não fica assim, não; os homens são todos iguais." A menina caiu em prantos, chamando a atenção de todo mundo. Depois nossa amiga soube de todo o babado. Um sujeito bateu na BMW novinha do lindo, e ele, ao contrário de morrer de ódio, se apaixonou pelo barbeiro. Foi irreversível, caso de amor à primeira vista. Os dois estão juntos até hoje. E ela, inconsolável.

Para não cair na mesma armadilha da moça, nosso amigo personal trainner cita outras características marcantes:

Ele é gay na certa se chegar de luva, camisetinha justa e boné; sempre que passar pelo espelho e fizer uma contração para admirar seus bíceps. Eu até brinco aqui com os estagiários quando vejo um tipo desses: marca aí quanto tempo aquele cara ali fica se olhando no espelho. Se ficar mais de 30 segundos, pode acreditar que é gay.

Em academias, ocorrem situações inusitadas, conta um professor. "Uma vez havia um cara se alongando, pelado, dentro do banheiro, pode? Eu perguntei: 'Aí, cara, você não acha que esse é um lugar inadequado pra ficar se alongando?' E eu já recebi duas queixas desse mesmo aluno."

Um personal conta que, embora nunca tenha levado uma cantada escancarada, já sentiu a coisa no ar. "Tinha um aluno, de quem eu nunca tinha desconfiado, que eu sempre brincava chamando-o pelo nome bem alto. Uma vez falei baixo, perto do seu ouvido, e ele me devolveu: 'Não brinca, não.' Só então minha ficha caiu, nunca mais brinquei mesmo."

Outro professor também passou por uma situação constrangedora: "Certa vez, um aluno queria fazer uma aula de alongamento, e pediu que eu fosse à sua casa, um apart-hotel. Inventei uma desculpa e não fui. Você pode imaginar aula de alongamento no apartamento do cara? E olha que na academia ele não dava a menor pinta de ser gay."

Fizemos uma pesquisa junto aos professores de várias academias, cansados de tanto observar o comportamento dos alunos. Queríamos saber como eles identificam os enrustidos. Veja o que eles disseram:

- Ficam fingindo que estão secando o suor com a camisa, mas, na verdade, estão admirando o abdômen.

- São másculos. Não vêm de shortinho; vêm de bermudão. Mas sempre malham em dupla com outro cara.

- Conversam baixo entre si.

- Desconfie dos fortões, aqueles tipos exageradamente sarados. Principalmente se tiverem tatuagens grandes e tribais nos braços. "O que ouço das mulheres é que elas não gostam de caras fortões. Gostam de saradinhos, definidos, e não dessa grande dose de narcisismo", contou outro professor.

- Homem que vem falar com o professor e fica alisando, ou não larga a mão ao cumprimentar, ou demora no olhar, olhando lá no fundo, pode apostar que é gay.

- Você também deve ficar atento àquele cara que solicita muito o professor.

- Outro clássico de gay é passar máquina nos pelos.

Uma amiga, rata de academia, contou-nos sobre um médico, casado e com filhos, que frequenta o local onde ela malha. Certo dia, ela o encontrou no cinema com um garotão. "E ele não estava nem aí", ela disse. "Na academia, ele vai de bermudinha de lycra. Não engana ninguém, mas é casado. Até já perguntaram por que ele era casado. Sabe o que ele respondeu, na maior cara de pau? Disse que era uma exigência social, que não dava para ser diferente. Não sei se a mulher dele sabe. Mas me dá uma raiva..."

Da academia para a boate... gay

Convidamos a hostess de uma boate gay para nos ajudar a identificar gays no armário. Ela é uma especialista no assunto.

Onde eu malho, encontro um monte de caras que na porta da boate me dão dois beijinhos e me tratam como princesa. Já na academia, fingem que não me conhecem. Isso porque todo mundo sabe que eu trabalho como hostess numa boate gay. Eles têm medo de as pessoas pensarem que, se me conhecem, é porque devem frequentá-la. Não querem ser identificados porque muitos são até casados.

Veja algumas de suas dicas:

- O sujeito é supermacho, nenhuma pinta. Mas, nas festas, só bebe água. Querem saber por quê? Para hidratar a pele. Eles não bebem para não engordar. Gay não relaxa, por isso são lindos e não têm barriga.

- Desconfiem de homens muito gentis, muito solícitos, muito parceiros, aqueles que tratam você como amiga. É o parceiro que nunca avança. Ele é diferente do homem educado. Ele dá o endereço de lojas para você achar aquelas bugigangas que só nós, mulheres (e os gays, claro), gostamos. Esse homem (ou suspeito) a quem me refiro está sempre antecipando tendências da moda. Para finalizar, se ele usa calça jeans baixa aparecendo a marca da cueca, ai, então nem preciso falar mais nada.

- Depilação? Eles são fascinados, adoram uma depilação a laser. No peito, passam máquina zero. Bronzeamento artificial, queridas, fujam correndo!!!

Marie, uma internauta esperta, com o gaydar bem ligado, nos enviou a seguinte mensagem. Prestem atenção na experiência da moça.

Moro com dois amigos de infância que são gays. Eles já me treinaram para sacar se um cara é gay! Meu "gaydar" está ligado 24h por dia, hehe! Mas há alguns anos saí com um cara que era maravilhoso, divertido, bem-sucedido, inteligente; enfim, eu queria casar com ele! Na terceira vez que saímos, tomando um chope, ele me disse que depilava a bunda! Fui correndo para o banheiro, não sabia se ria ou se chorava! Não quis insistir na relação para ter certeza da sexualidade dele. Mesmo que ele não fosse gay, seria metrossexual. Isso é demais pra mim! Acho um charme um cara meio largadão, com barba por fazer. Enfim, a vida é isso. Procurando príncipes e encontrando sapos... ou "princesas"!

Ele se lambuza de cremes

Muitos homens passam cremes, e até aí, nada demais. Mas eles querem uma coisa prática e objetiva. Não têm paciência para trezentos mil potinhos: um filtro solar para o couro cabeludo, outro para o cotovelo e um hidratante para os pés. Hétero quer apenas um produto que sirva para tudo e, ainda por cima, que caiba no bolso. Então, querida, se o lado da pia do moço for mais abastecido do que o seu, é hora de ligar seu gaydar.

Vejam o comentário de uma socialite, durante muitos anos casada com o executivo de uma multinacional:

ESPELHO, ESPELHO MEU

Meu ex não dormia sem antes passar um antioxidante. Um dia me viu passando um produto e disse: "Usa esse aqui que é melhor." Para completar, mostrou que bastava pressionar o tubo suavemente para sair a quantidade certa. Hoje, eu me pergunto: como ele sabia a quantidade certa? Ah, e não era só isso. Tinha também o corretivo para quando acordava com olheiras. Um tubo no banheiro e outro no porta-luvas do carro! Ele explicava que não ficava bem trabalhar com a cara cansada. Na época, eu estava apaixonada e achava tudo lindo. Achava que ele era simplesmente vaidoso. Até o dia em que o vi dividindo um coco com um saradão na praia. Cada um com seu canudinho, trocando olhares lânguidos.

Sofia: Se o cara reclama de poros abertos, fique atenta porque tem algo errado aí. Homem não tem a mais pálida ideia do que seja poro aberto. Essa preocupação exagerada com a pele é mais do que suspeita. Homem, definitivamente, não pode ser mais vaidoso que mulher. Vocês acham que estou exagerando? Então vejam o que a Dra. Deborah, dermatologista, me contou:

Conheci um cara quando fazia especialização em dermatologia estética. Ele era meu colega e, em pouco tempo, começamos a namorar. Na época, eu atribuía todas as suas frescuras de se encher de cremes aos "ossos do ofício". Afinal, como ele poderia lidar com suas pacientes sem conhecer o mundinho delas? Com o tempo, comecei a achar que ele ultrapassava os limites. Quando viajávamos para congressos, ele passava horas no free-shop olhando todos os lançamentos. Comprava uma quantidade exagerada de produtos para testar em si mesmo. Depois, conversando com outros colegas, vi que nenhum deles tinha essa neura. Concluí que a profissão nada tinha a ver com isso. Um homem não precisa entender de maquiagem porque é dermatologista, nem ficar perdendo tempo passando corretivo porque diz que não pode aparecer com espinha no trabalho. Muito menos se encher de creme na papada do pescoço porque é cirurgião plástico. Também não precisa ficar fazendo todos os tratamentos, tipo colocar ácido, botox, metacrilato e ainda sair se exibindo como uma perua. Aí já é demais.

Sofia: Gente, já que ninguém comentou, tenho que falar. Podem até me chamar de radical, mas nunca vi hétero convicto fazer lipoaspiração para tirar aquela gordurinha inconveniente. Isso para mim é muito estranho. Esse é um item a ser seriamente avaliado.

Tem muita gente que pensa como Sofia e desconfia que homem vaidoso demais é gay. A coisa piora quando eles soltam algumas declarações um tanto suspeitas. Vejam o depoimento da internauta Aline e tirem suas conclusões.

Acho que namorei um gay. Minha mãe e várias pessoas sempre desconfiaram desse meu ex-namorado. Ele é todo bonitão e extremamente vaidoso. Mas o pior é que, quando estávamos juntos e por algum motivo ele se irritava, dizia: "Ai, na próxima vida quero nascer gay, não aguento mais mulher." Eu ficava doida com isso, mas, como ele sempre deu uma de machão, nunca passou pela minha cabeça que seria verdade. O tempo passou e as evidências agora me levam a crer que deve ser isso mesmo. Homem com muita vaidade não é legal... Ser cheiroso, se arrumar e se portar bem, tudo bem. Mas tudo que é demais não é bom.

Sofia: Aline, ouvir o namorado dizer que quer ser gay, sinceramente, é pra lá de esquisito. Acho que você fez bem em desconfiar do rapaz e pular fora.

Ele faz escova

Definitivamente, alguns objetos não combinam com casa de homem. Podíamos fazer uma longa lista aqui. Mas achamos que apenas alguns seriam mais do que suficientes para acender a luzinha amarela. Por falar em luzes, uma amiga nossa nos contou que um ex-namorado fazia luzes no cabelo... Tem namorada que é cega! Mas vamos lá. Imagine chegar ao banheiro dele e encontrar um cesto com várias escovas de rolo, de todos os tipos e tamanhos. E, ao lado delas, um secador de cabelos bem mais possante que o seu. Querida, preste atenção, claro que ele faz escova no cabelo. Aquele topetão é ele quem faz com uma daquelas escovas de rolo, entendeu? Não é onda natural, não. O quê? Você acha bonito? Tá bom, gosto não se discute. Mas nosso papel aqui não é alertá-la para questões estéticas, e sim para o fato de que homem de cabelo escovado é mais que suspeito. Quer outra dica? Estranhe aquele tubo de mousse exposto na penteadeira do banheiro dele. Você pensa, ah, não, alguém deve ter esquecido isso aqui, não é dele. A mãe deve ter passado por aqui. Não se engane. Finalmente, também não é um sinal muito positivo uma coleção de gel para o cabelo. Já parou para pensar? Você com pressa e ele lá, passando gel no cabelo para ficar bem espetadinho. Moderno? Pode ser. Mas é bom você começar a desconfiar das atitudes do rapaz.

Sofia: Sinceramente, boneca? Acho que aí é só uma questão de tempo. Esse cara um dia vai sair do armário, claro que vai. Ele só não se descobriu ainda. Ou, pior, já se descobriu, mas ainda não contou pra você. Sabe homem com cara de capa da revista *Men's Health*? Deixa eu dizer uma coisa para vocês. Essa revista só tem esse título para não se chamar *Gay's Health*. Ai, eu acho isso engraçadíssimo. Aliás, quem me contou a piada foi um gay assumido.

A eterna barbinha de dois dias

Quanto tempo ele passa no espelho para deixar aquela barbinha exatamente do tamanho certo para dar a impressão de que está por fazer? Sinceramente, ele deve ficar horas se estudando, aparando aqui, mexendo ali, e você pensando que ele não está nem aí para a aparência. Ainda para completar, aperta as sobrancelhas e faz olhar de míope buscando o foco.

Sofia: Se essas informações ainda não foram suficientes para abalar sua confiança na masculinidade dele, preste atenção em uma evidência definitiva. Se ele, ao passar na frente de um espelho, dá sempre uma paradinha, ajeita o cabelo, a camisa, a gravata, a sobrancelha ou seja lá o que for, querida, sinto muito, mas posso afirmar com 100 por cento de certeza: esse homem é gay.

ESPELHO, ESPELHO MEU

Capítulo 3
TERCEIRA PENEIRADA

Comportamentos suspeitos

Ele não se cobre de grife, não fica se olhando no espelho da academia, não faz luzes, nem escova no cabelo. Usa, no máximo, um relógio e uns óculos bacanas. Você está segura, porque ele passou com tranquilidade pelas duas primeiras peneiradas. Agora, então, você precisa ficar atenta ao comportamento do rapaz. Algumas atitudes podem ser muito suspeitas.

Ele só sai com um bando de amigos? Vive cercado de mulheres e não fica com nenhuma? Quando aparece acompanhado, é sempre com uma beldade? Ele bebe e solta a franga? Ele adora uma fofoca? Ele a-do-ra a mamãe e se refere a ela o tempo todo? Olha, com sinceridade, se ele se encaixar em pelo menos três desses exemplos, comece a considerá-lo um suspeito.

Diga-me com quem andas

Eles têm um milhão de amigos. Fazem tudo juntos. Vão à praia, a festas, viajam para destinos badalados. Têm um espírito muito festivo. Até despertam inveja em alguns porque estão sempre posando para fotos sorridentes. Réveillon nunca é num lugar comum. Aparecem de branco, com taças de champanhe na mão, na maior felicidade, em destinos da moda. Todos muito másculos. Músculos definidos, barriga sarada. Mas vamos combinar: heterossexual fica o tempo todo colado em outro homem? A não ser que ele seja adolescente — que precisa andar em bando para se sentir mais seguro na hora de falar com uma gatinha —, desconfie se o sujeito que já passou dos 30 (estamos sendo generosas) andar enganchado o tempo todo nos melhores amigos. Aquele bando de homens de sunga, na praia, rindo e fazendo piadinhas para cada mulher que passa, sem coragem de se aproximar delas... Hum, isso é muito suspeito. Outra coisa: fique atenta se ele estiver sempre cercado de mulheres lindas, mas nunca namora nenhuma. Esse tipo dificilmente tem salvação.

Ana, uma artista plástica bastante conhecida, contou-nos ter-se envolvido com um cara ao qual foi apresentada num vernissage. Descobriu que um primo dela o conhecia e foi pedir a ficha do rapaz. Não gostou do que ouviu. Segundo o primo, o sujeito era muito enturmado. Em sua relação de amigos, havia muitas mulheres, todas jovens e bonitas. Ela chegou a sentir ciúme. Seria ele um paquerador inveterado que, aos 45 anos, continuava solteiro? Mas o primo parecia não vê-lo como um dom-juan. Na verdade, achava seu comportamento com as mulheres meio esquisito.

"Cara estranho! Nunca o vi pegando uma baranga. Pensando bem, nunca o vi com uma namorada. Só com amigas. Muitas. Você parece ser a primeira mulher por quem ele se interessou", disse o primo.

Nossa artista plástica até se animou. Só que o rapaz nunca mais a procurou. Ela chegou a ligar uma vez, mas ele jamais retornou. Um dia, abrindo uma revista de celebridades no consultório do dentista, ela viu seu ex-paquera, ao lado de três beldades, na festa de aniversário de um diretor de televisão.

Sofia: Gente, eu acho insuportável essa versão moderna de playboys posando para essas revistas de celebridades com seus carrões, suas motos, seus helicópteros, suas lanchas, seus cavalos, suas mulheres de último tipo, parecendo a guarda suíça feminina. Sim, porque elas parecem estar ali só para dar segurança ao cara. Ai, não posso nem olhar. Sempre com suas camisas coladinhas, calça jeans transada, fazendo o estilo despojado. Olha, meu veredicto é o seguinte: ou esse cara é gay ou tem um problema fisiológico sério, daqueles que o deixam muito inseguro. Homem que fica exibindo mulher, carrões e lanchas enormes não confia no seu taco.

Vejam o comentário da internauta Nandynha:

> *Tive um namorado que tinha a maior fissura por sexo, era largadão, nada afetado. Depois mostrou sua preferência por homossexuais. Avalio como um gay enrustido o homem que sempre prefere a companhia de homens para se divertir. Quando se envolve com uma*

mulher, às vezes com mais de uma simultaneamente, fica sempre naquele não ata nem desata. Sente-se muito à vontade quando está num grupo de homossexuais assumidos. Uma coisa é certa: se uma mulher tem dúvidas quanto à sexualidade de um homem, é porque realmente existe algo de errado em suas atitudes no dia a dia da relação, e não por causa de listas afirmando que isso é coisa de gay e isso é de hétero.

Sofia: Concordamos com você, Nandynha. Nosso objetivo com este guia é apenas ajudá-las a ficar mais atentas. Neste manual, fizemos, sim, listas ressaltando algumas atitudes que seriam mais típicas de gays do que de héteros. Elas foram elaboradas com base em depoimentos de profissionais, médicos, analistas e, claro, de mulheres que se apaixonaram por gays enrustidos e depois sofreram muito. Mas cabe a cada uma de vocês julgar as reais preferências do cara com quem estão se relacionando. É o comportamento dele na relação que vai revelar sua verdadeira preferência.

W.: Bonito, Sofia. Gostei da sua sensatez. Parece que você está evoluindo.

Sofia: Querido, não se anime. Estou mais atenta do que nunca.

Já que Sofia levantou a questão da camisa coladinha, um item importante em nossa lista de suspeitos, vejam só esse caso que uma conhecida nos contou. Ela é assessora financeira de um poderoso empresário. Ele é gay e já expôs suas preferências para a família e os amigos mais íntimos. Mas se recusa a assumir publicamente sua condição, com receio de que isso interfira nos negócios. Certa vez, ela o acompanhou numa convenção de empresários da área de metalurgia. Todos os participantes estavam hospedados no mesmo hotel, inclusive nossa informante e seu assessorado. O empresário estava com o namorado novo. Novo em todos os sentidos, porque o cara tinha pelo menos uns 15 anos a menos que ele. Como os dois trabalhavam juntos havia muito tempo e gozavam de bastante intimidade, a moça marcou um encontro no quarto do casal, antes de descerem para o jantar. Na saída, o empresário pediu que ela ficasse a seu lado, para "não dar bandeira".

— O quê? Você acha que não vão perceber que vocês dois são gays? — ela questionou.

— Por que desconfiariam? — ele perguntou, surpreso.

— Ora, pelo jeito que vocês estão vestidos, pela postura, pelo conjunto da obra, por tudo, enfim!

Acreditem: só porque ambos estavam com camisa social, daquelas atochadas no corpo e com as mangas dobradas a ponto de fazer um garrote no bíceps avantajado, a criatura achava que estavam disfarçados de hétero. Ele não conseguia perceber que existem maneiras e maneiras de se usar uma calça jeans e uma camisa social. Nenhum hétero se vestiria com roupas tão apertadinhas. Ela percebeu que o empresário ficou ofendido com seu comentário e não tocou mais no assunto. Fez o que ele pediu. Entraram no salão reservado para o jantar de braços dados, enquanto o namorado dele os seguiu a alguns passos de distância.

Sofia: Essa história faz todo sentido. Edu, quando começou a se relacionar com o tal anjo enviado dos céus, também decidiu não expor sua preferência. Bem, pelo menos era assim que ele queria enganar-se. Tanto que ficou furioso quando soube que comentavam que ele era gay. Como se fosse a maior calúnia! Um dia, encontrei-o numa delicatéssen com o namorado e fiquei pasma por ele achar que ninguém desconfiaria. É que, ao contrário dele, o namorado é daquele tipo afeminado, identificável na maternidade. O que Eduardo estava pensando, hein? Que as pessoas o veriam desfilando pra cima e pra baixo com aquela tricha e não enxergariam o óbvio? Sinceramente, acho que as pessoas estão perdendo a noção.

E podem estar mesmo, Sofia. Você acredita que aquele tal empresário gay, bombando de camisa stretch, cinto Dolce & Gabbana, calça Diesel, "amigo" a tiracolo, encantou a principal acionista de uma holding? Divorciada, líder do setor, a mulher simplesmente ficou louca por ele. Chegou a tentar seduzi-lo, batendo à porta de seu quarto de madrugada, num baby-doll transparente e com uma garrafa de champanhe na mão. Ele, constrangidíssimo, deu a primeira desculpa que lhe veio à cabeça: tinha uma noiva e não queria traí-la. Ah, quando se está de fora, tudo é tão claro, tão evidente. Será que a paixão nos deixa a todas assim tão cegas?

E o que dizer daquele ex-jogador, que fez carreira no exterior e até hoje é reconhecido por sua elegância? Seu "disfarce" era, nos restaurantes, paquerar todas as mulheres acompanhadas. Que esporte perigoso!

Uma médica nos contou um caso menos óbvio e mais intrigante. Ela conheceu um cara com quem começou a sair. Prestem atenção em seu relato:

> *O sexo, por incrível que pareça, era maravilhoso. Ele era bem-dotado e participativo. Só tinha uma coisa que eu achava estranha: ele nunca se interessava por mulher solteira. Na época, interpretei que ele era aquele tipo de homem mais voltado para o ato da conquista do que para a conquista em si. Aquele gosto pelo desafio, para mostrar que ganhava a mulher que quisesse. No meu caso, desmanchei um noivado para ficar com ele. Depois disso, seu interesse por mim desapareceu. E ele também. Contaram-me que esse cara já destruiu uns quatro casamentos, sempre da mesma maneira. Depois que conquista a mulher, ele a abandona. Cheguei à conclusão de que ele é um perfil de bicha destrutiva; quer aquela coisa pra ele, para se mostrar. Depois comecei a juntar as peças. Ele ama roupa de marca, adora exibir-se, tem uma coleção de perfumes. É pura vaidade. Talvez ele ainda não saiba que é gay. Mas tenho certeza de que um dia vai sair do armário.*

Bimbo*

Ele está sempre ao lado de uma mulher escultural, exibida como bimbo. Toda semana, ele ou um dos amigos aparecem com uma dessas beldades nas revistas e sites de fofocas para, dias depois, anun-

---

* Termo inglês que designa a mulher fisicamente atraente, porém, pouco inteligente. (*N. da E.*)

ciar o fim do caso, do namoro, do noivado, do quase casamento, ou seja o que for.

Um gay amigo nosso sentenciou: "Quando gay resolve sair com uma mulher, não sai com uma baranga. Tem que ser uma mulher bonita, que ele tenha orgulho de exibir."

Um amigo hétero contou-nos que passou uma noite inteira prestando atenção na namorada de um desses playboys modernos. Isso foi numa festa badalada, numa boate da moda em São Paulo. Vejam a descrição dele:

Ela era um vara-pau, devia ter mais de 1,80m. Muito magra, bumbum arrebitado, pernas intermináveis. Os olhos azuis pareciam de vidro. Uns cílios imensos. Não seria justo dizer que não era bonita, mas completamente sem-sal. O que me impressionou foi ela não ter aberto a boca a noite inteira. Quer dizer, não abriu a boca para falar. Só para sorrir. Aquele sorriso branco brilhante que nem parece humano. Ela parecia uma Barbie. Dava a impressão de que ia quebrar. Estilo mulheres-robôs do filme Mulheres Perfeitas *(Stepford Wives). Será que uma mulher dessas tem orgasmo? Tive vontade de chegar perto dela e puxar assunto, já que o babacão parecia nem notá-la. Às vezes ele se aproximava, passava rapidamente a mão em seus cabelos louros e lisos, e lhe servia uma taça de champanhe, que ela agradecia com um sorriso. Logo em seguida, afastava-se e ia juntar-se novamente aos amigos. Duvido que transem. Para mim, aquilo é tudo encenação.*

Outro caso de exibicionismo explícito aconteceu no restaurante Gero, no Rio de Janeiro. Quem nos contou a história foi um fotógrafo da noite. Ele e uma repórter foram incumbidos de registrar o jantar de um desses famosos com a nova namorada. Diante da resistência do porteiro do restaurante em autorizar a entrada, a repórter argumentou: "Fique tranquilo, foi tudo combinado com a assessoria de imprensa. Ele está à nossa espera. Só vamos dar um 'flagrante' do casal jantando e partir." Na mesma semana, o garanhão em questão foi "flagrado" novamente com seu bimbo, em outro restaurante badalado da cidade.

E o que dizer de outro playboy que depois de uma festa de arromba em um dos balneários preferidos dos jet-seters foi "flagrado" por várias revistas de celebridade despedindo-se de uma famosa atriz num heliponto? Ela, tal como as virgens que na lua de mel tinham os lençóis com manchas de sangue estendidos à janela, para comprovar o fim da virgindade pela consumação do ato, exibia a blusa da noite anterior pendurada ao ombro, substituída por uma camisa masculina.

Uma modelo profissional nos confidenciou que costuma ir a festas de casamento, de aniversário e a outras badalações, acompanhando gays que querem manter as aparências no ambiente de trabalho. Nesses eventos, ela é apresentada como noiva ou namorada. Normalmente, esses caras são altos executivos. Um olhar um pouco mais atento não terá dificuldade em perceber que ali não rola a menor química.

Sofia: Querida, volto a repetir: homem que é homem não sai por aí exibindo suas conquistas. Além disso, tratar as mulheres dessa forma é, no mínimo, falta de respeito. Sinal de que não são muito apegados à figura feminina. Se você não é uma dessas mulheres de aluguel para ser exibida em revistas de fofoca, trate de se afastar desses tipos. Eles não querem nada com você. Só com a sua imagem.

Quando o cara não é um milionário, a situação pode ser um pouco diferente, já que talvez não tenha cacife para arrumar uma beldade. Vejam as dúvidas da internauta Dani:

Tenho muitas dúvidas sobre a sexualidade de meu ex-namorado. Eu o conheço desde criança, e sempre percebi que ele era diferente dos outros meninos de sua idade. Por exemplo: enquanto os outros garotos puxavam o rabo dos gatos na rua, ele ficava olhando muito chateado. Enfim, ele não se enquadrava muito no perfil dos garotos "normais". Com o passar dos anos, começou a se depilar, a fazer as unhas e até limpeza de pele. Outro motivo para eu achar que ele é gay é o fato de ele pegar qualquer mulher só para dizer que está namorando. Mas, na verdade, namora muito mais com a família da garota do que com ela mesma. Será que ele é? Não sei! Mas pelo menos desabafei.

Sofia: Pode desabafar, Dani. Estamos aqui também para isso. Para ouvir suas dúvidas. Quanto à sua pergunta, diríamos que seu ex-namorado tem um perfil um tanto suspeito. Não pelo fato de ele se recusar a puxar o rabo do gato na rua quando era criança. Nesse particular, acho que ele mostrou ter um comportamento muito mais saudável do que o dos amigos. Sadismo, seja com gente ou com bicho, não é coisa de hétero ou de gay. É coisa de gente sádica. O que realmente me faz pensar que seu ex-príncipe se enquadra na categoria Cinderela é o fato de ele fazer unhas e se depilar. A não ser que ele tenha garras e pelos de lobisomem, a prática não é adequada a um hétero. Cai melhor em mulheres ou... em gays.

O showman

Ele é um showman. Faz tudo para aparecer. Em vez de dar um presente para sua amada em casa, por exemplo, adora fazê-lo em público. Declarações de amor também são sempre diante de uma plateia. Nada de confissões ao pé do ouvido. Tem que ter alto-falante, microfone, câmeras e tudo mais para anunciar para meio mundo o quanto ele a ama e o quanto ela tem sorte de ter um homem como ele. Monta um espetáculo para todos verem quão sensacional ele é. Muitas vezes, ela chega a pensar que ele realmente quer mostrar para o mundo o tamanho de seu amor. Pode até ser. Uma ou outra declaração pública em algum momento especial é totalmente aceitável. Mas, quando as demonstrações de afeto só acontecem diante de uma assistência, quando são sempre mais enfáticas em público do que entre quatro paredes, comece a desconfiar do rapaz. Veja o e-mail enviado por uma dentista:

> *Meu namorado adorava dar demonstrações românticas em público. Uma vez, estávamos jantando com amigos num restaurante sofisticado em Curitiba. Quando voltei do toilette, tinha um arranjo enorme de flores na mesa. Ele organizou tudo com o maître, e fez a cena para que todo mundo à volta visse aquele homem incrível. Percebi que a surpresa não era para mim. O que ele queria era ser notado. Não me lembro de ele ter-me feito uma surpresa ou uma declaração de amor sem que houvesse outras pessoas em volta. Outro detalhe suspeito é que, sempre que viajávamos ou me presenteava, fazia questão de contar para uma colunista social conhecida, que dava publicidade à nossa vida íntima. Era muito constrangedor.*

Sofia: Entendo. Você pode ser a homenageada, mas, com certeza, ele vai aparecer mais. Certamente quem viu a cena do restaurante pensou: "Olha lá que sorte daquela mulher com aquele homem maravilhoso!"

Ele e mamãe

Já que estamos falando de comportamento e da maneira como eles se relacionam com os outros, vamos abordar uma questão sutil — sutil até demais para o terceiro capítulo, dado que as leitoras ainda estão aprendendo a ler os sinais mais evidentes. Esperamos, contudo, que nossas análises as deixem mais espertas. Talvez, depois dessa leitura, elas barrem os suspeitos já nessa terceira peneirada. Trata-se do relacionamento deles com a mãe, ou melhor, com a mamãe. Não é uma regra, claro. Há gays assumidos que não se dão bem com as mães. Nós mesmas conhecemos vários. Mas a maioria deles, dentro ou fora do armário, tem ligações viscerais com suas mães. Não somos psicólogas nem pretendemos investigar as razões desse relacionamento tão intenso. Simplesmente constatamos essa tendência, por meio da experiência e dos depoimentos que colhemos. Combinado com os exemplos citados, o apego excessivo à mãe, não tenham dúvida, compõe um perfil extremamente suspeito.

Lúcio, um arquiteto badalado, era alucinado pela mãe. Ele defendia até o fato de ela ter traído seu pai com o marido da melhor amiga.

"Isso foi culpa do papai, que não lhe dava carinho. Ela teve que procurar fora de casa", justificava. A mãe estava sempre presente em tudo o que ele fazia.

Logo após o pedido de casamento, Lúcio combinou com a noiva de fazerem uma celebração íntima, na casa de praia de sua família. Decidiram oferecer um almoço para as famílias e os amigos mais próximos. Quando se sentaram para organizar a festa, ele a surpreendeu: "Mamãe já resolveu tudo. O bufê vai ser de fulano de tal, os arranjos de flores serão feitos pelo famoso sicrano, os toldos, pelo ilustre beltrano." A noiva irritou-se de ter sido totalmente excluída da organização da festa. "Pode parar. Não vai ter nada disso", ela gritou. "Eu quero escolher o bufê, o arranjo e os toldos da nossa festa." Ele ficou amuado com sua reação. "Poxa, você tem que entender que mamãe está casando um filho." Ela reagiu: "Ela já fez o que quis quando se casou. Agora, é o meu casamento, e quem decide aqui sou eu."

Depois, ela confessou a algumas amigas que achava a relação dele com a mãe excessivamente dependente. Ela interferia em tudo. Tinha até a chave do apartamento dele, para onde ela, a noiva, se mudaria depois de casada. Certo dia, chegou lá para adiantar a mudança e notou que "mamãe" já tinha providenciado uma cômoda e uma arara para ela. A roupa dos dois não cabia no armário e as camisas do filhinho não podiam ficar expostas. Ficariam as dela, pegando poeira. Tudo na maior classe e gentileza. Que saia-justa!

Também observou que os lençóis estavam sempre muito bem passados e perfumados. É que mamãe ia três vezes por semana ao apartamento orientar a faxineira. Conclusão: era como se ele continuasse morando na casa da mamãe, embora vivesse a algumas quadras de distância. Quando a noiva mudou-se para o apartamento, disse para o marido que gostaria que mamãe entregasse a chave. Lúcio ficou arrasado. "Como? Isso vai magoar muito a mamãe", argumentou. Durante os anos que passaram casados, ela tinha que tomar todos os cuidados porque ele achava que tudo poderia magoar mamãe. Um mês depois que a mãe morreu, ele assumiu que era gay. Ela concluiu que ele fizera até o sacrifício de se casar com uma mulher só para agradar mamãe.

Sofia: Essa é uma parte dolorosa para muitos gays enrustidos. Eles se submetem ao sacrifício de massacrar sua preferência sexual para não magoar a mãe. Têm uma vida dupla. Mulher em casa e o amante na rua, escondido. O sofrimento do casal é imenso. A mulher não se sente amada. Ele, por sua vez, ama a mãe e deseja o amante. Pobre de todo mundo.

W. entra na conversa: Sofia, não exagere. Eu me dou muito bem com minha mãe. Não é possível! Daqui a pouco, vou achar que também sou gay.

Sofia: W., preste atenção. Não estou me referindo aqui a uma relação saudável de afeto entre mãe e filho, que imagino ser seu caso. Também não estou afirmando que o apego excessivo à mãe seja um indicador de comportamento suspeito. Pode significar apenas uma relação neurótica. Sinal de que o cordão umbilical não foi cortado e de que o menininho não cresceu. Mas, se você tiver uma relação neurótica com sua mãe e, além disso, se identificar com os outros comportamentos anteriores, então, querido, você é gay.

W.: Sofia, sua neurótica, daqui a pouco eu saio dessa discussão e não ajudo mais vocês com minhas análises.

Sofia: Ai, está bem, desculpe. Eu só estou dando a minha visão das coisas.

Ele bebe e solta a franga

Quando ele bebe, fica muito extrovertido. Dança requebrando-se, faz gracinhas ou fica excessivamente carinhoso com outros homens. Não necessariamente paquera algum ostensivamente. Também não passa a mão em ninguém. Pelo menos não a ponto de dar na pinta. Ele pode só resvalar a mão "sem querer", ou ficar esfregando as costas do outro sem parar. O que chama atenção nesse caso é quando o sujeito é supersério e, de repente, vira outra pessoa, ensandecida. Pode ser um caso de esquizofrenia? Pode. Mas é provável que ele seja apenas um gay querendo sair do armário.

Jackeline é casada com um advogado famoso, seriíssimo. Carrancudo, até. Às vezes, ela fica constrangida com o jeito seco dele com os amigos em comum. Só que nas festas, quando bebe, ele se transforma. Ela nos enviou o seguinte e-mail:

> *Nossa, fico até envergonhada, porque, quando ele bebe, dança se rebolando, dá cadeirada em outros homens, canta alto no salão. Numa*

*festa, soltou-se tanto que quase tirou **a** roupa. Eu tive que correr, segurá-lo e levá-lo embora à força. No dia seguinte, veio uma porção de gente comentar como meu marido estava animado. Será que ele é gay e não sabe? Será que ele é gay e eu não sei?*

Sofia: Jackeline, não deve ser nada agradável ver o marido se rebolando feito uma Carmem Miranda numa festa. Quase tirando a roupa, então, um horror total! É uma atitude horrível, seja ele hétero ou gay. Agora, querida, fique atenta aos outros comportamentos dele. Uma desmunhecada numa festa pode ser apenas coisa de bêbado. Junte as peças e chegue à sua conclusão.

W. se intromete de novo, já irritado: O homem não pode nem se descontrair um pouco que já vira gay.

Sofia: W., você tem que entender que estamos falando de situações-limite, e não de uma simples descontração.

Eis um exemplo do que pode acontecer. Veja o comentário do internauta Lucas:

Essa foi uma situação ótima. Estávamos numa rodinha e descobrimos que nosso amigo "hétero" ficou com um gay amigo da turma. Ele falou assim: "Eu fiquei porque estava bêbado. Tá louco que eu faço isso sóbrio!" Olhei para ele e falei: "Sei. Eu quando saio e bebo fico com mulher." Pensa na zorra que foi. Kkkkk.

Sofia: Quer dizer que, quando está sóbrio, ele diz "Deus me livre ficar com um gay"? Esse aí deve então correr da própria imagem no espelho. Kkkkk, faço eu!

Ele adora uma fofoca

Enquanto escrevíamos este guia, fomos jantar com um grupo de amigos num restaurante peruano. Entre um ceviche e outro, Carlos, um dos comensais, lembrou de outro sintoma muito claro, segundo ele: o gosto por fofoca. Ele contou que um conhecido seu, economista respeitado, casado com uma advogada, tem um apreço especial por comentar a vida dos outros. "Ele quer saber se fulano está de caso, se descasou, se traiu. Sabe tudo da vida de todo mundo, em detalhes. Até a mulher fica impressionada com sua capacidade de ser tão fofoqueiro."

Sofia: Homem fazendo fofoquinha é o fim. Já vi um monte desses até no meu trabalho. Juntavam-se às mulheres na hora do cafezinho e dá-lhe a falar da vida dos outros. E tem aqueles que observam até a roupa e os sapatos que as mulheres estão usando. E ficam de risadinha. Esse traço, sinceramente, não faz parte da alma masculina. É muito suspeito.

Uma amiga, com um casal de filhos adolescentes, nos pontuou bem a diferença de comportamento entre um homem e uma mulher héteros. Quando seus dois filhos chegam de uma mesma festa e ela pergunta como foi, a menina dá detalhes: roupas, comida, música, arrumação da casa, quem ficou com quem, quem brigou com quem. Ele, por sua vez, se limita a dizer que foi legal e jura não se lembrar de mais nada.

Vejam essa outra. Uma jornalista contou-nos que, durante uma entrevista com um empresário, pediu que ele descrevesse o cenário no qual se passara uma reunião importante para os destinos da empresa. Como ele não estava presente, chamou um assessor que participara do tal evento. O assessor pensou, pensou, e disse não se lembrar de detalhe algum. O próprio empresário reagiu a tempo. Nossa, é claro que ele não vai lembrar. Quem se lembra desses detalhes é mulher. Chamou então a assessora, que, animada, descreveu o ambiente em detalhes: desde a cor das paredes, passando pela distribuição dos móveis, até o desenho das xícaras onde fora servido o café.

Sofia: Homem fofoqueiro que sabe tudo da vida dos outros ou que sabe tudo em detalhes só não é suspeito se for detetive, jornalista ou espião. Ossos do ofício.

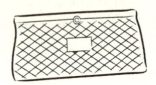

Capítulo 4
QUARTA PENEIRADA

Lendo as entrelinhas

Uau, o cara passou gloriosamente pelas três primeiras peneiradas! Não é pouca coisa, não. Você tem a sensação de voar em céu de brigadeiro. Para completar, o cara foi casado. Pronto, tudo resolvido. Não resta a menor suspeita. Definitivamente, você é uma das raras sortudas que encontrou um cara tudo de bom, bonito, educado, inteligente, bem-sucedido, sem barriga e que não gosta de homem. Mas, se toda essa sua autoconfiança provém do simples fato de ele já ter sido casado ou ter namorado mulheres, sentimos dizer que essa lógica está furada. Nesse caso, 2 + 2 não é igual a 4. Filhos, também lamentamos informar, não são atestado de heterossexualidade. Ou por acaso você não conhece nenhum gay que tenha filhos e até mesmo netos? Amor platônico? Sim, aquela única mulher que ele ama desde sempre, mas para quem nunca confessou seu amor, embora você e toda a torcida do Flamengo conheçam a história? Não, querida, também não acredite que esse tipo de amor seja uma garantia.

Outra questão: ele diz que se relaciona, namora, é noivo, é casado com uma pessoa? Bom, então fique sabendo que, provavelmente, essa *pessoa* não é uma mulher. Para completar, ele vive convidando você para sair, mas nunca chega aos "finalmentes"? Então, antes de você se sentir a criatura menos atraente do mundo, leia com atenção este capítulo. Nele, entraremos num terreno minado, já que trataremos de sinais ambíguos. Todas as evidências são de que o rapaz gosta mesmo de mulher. Mas, na verdade, ele pode estar tentando apenas fazer você acreditar nisso. Portanto, ligue agora o seu gaydar e fique atenta às sutilezas.

Uma "pessoa"

Profissional experiente, já passando dos 40, Marina estava recémseparada quando conheceu Marcelo. Ele era seu cliente, e ela jamais investiria numa situação dessas. Mas Marcelo era irresistivelmente bonito, alto, corpo impecável, sorriso perfeito. Ele era tudo o que uma mulher poderia desejar: um homem de nível, que se graduara e pós-graduara no exterior, educado, atencioso, um gentleman. Chegara a São Paulo havia pouco tempo, para assumir um alto cargo na empresa. Estavam numa das primeiras reuniões de trabalho e, num momento de descontração, entraram no assunto "viagem". Ao se referir a determinada viagem, ele comentou: "Quando fui a Paraty, na pousada tal, só estávamos eu e a pessoa que estava comigo." O gaydar de Marina acendeu o alarme na hora. "Pessoa! Pessoa!

Pessoa!" Mas Marina estava tão carente que se recusou a aceitar o óbvio. "Não é possível, ele é tão másculo, parece tão bem resolvido." Enganou-se.

Sofia: Meus Deus, é inacreditável que uma mulher de mais de 40 anos se recuse a acreditar que um bonitão que diz ter-se hospedado num hotel com "uma pessoa" não seja gay. Mas vamos continuar com a história da iludida.

Bem, ela reconhecia que já não era nem um pouco sensato interessar-se por um cliente, ainda mais com essa "pessoa" no meio. Mas, como não havia outra perspectiva em seu horizonte, insistiu. Na primeira oportunidade, e como ele era novo na cidade, convidou-o para um jantar na casa de um casal de amigos gays. Achou que eles se reconheceriam através do olhar, e, depois, poderia consultá-los. Marcelo chegou para apanhá-la na maior linha: calça com corte impecável (que, depois, ela descobriu ser Prada), camisa sequinha provavelmente da mesma marca, um luxo só. Marina desfilou com o bonitão feliz da vida. Ficou atenta para ver se Marcelo trocava olhares suspeitos com os outros gays na festa. Nada. Consultou discretamente seus anfitriões, que disseram não ter percebido qualquer sinal revelador.

Naquela noite, ele a deixou em casa e nada. "Um homem fino", ela deduziu. Após várias saídas sem que nada, absolutamente nada, acontecesse, Marina começou a achar que tinha algum problema. Com a autoestima em baixa por causa da separação, sentiu-se pouco atraente. Mas, como estava sozinha, continuou investindo. Quem sabe ele não era tímido?, insistiu. Ela já estava se apaixonando seriamente quando o Carnaval chegou. Ele contou que desfilaria pela Beija-Flor, no penúltimo carro alegórico. Marina havia sido convidada para um desses camarotes badalados, e não pensou duas vezes antes de se despencar para o Rio, empolgadíssima! Ficou plantada no parapeito do camarote durante toda a passagem da escola, até surgir o tão esperado penúltimo carro. Lá no alto, estava Marcelo. Peitão nu bem depilado, uma baita tatuagem tribal no braço musculoso, requebrando e acenando para a multidão. Marina ficou azul, lilás, rosa e todas as outras cores do arco-íris. Só assim, no trauma, caiu na real.

Essa era uma história com final previsível. Não se iludam tentando arrumar desculpas ou interpretações quando um homem disser "pessoa". Simplesmente, homens nunca irão se referir a uma namorada, noiva, mulher, companheira — ainda que seja uma história mal resolvida — como *a* ou *uma* "pessoa". Só um gay que não está a fim de assumir sua condição, pelo menos naquele momento, muitas vezes até por questões profissionais, dirá "pessoa". Fique satisfeita por ele dar a deixa. Imagina como seria pior se ele tivesse dito minha ex-namorada, criando falsas ilusões. Outra dica ótima que um amigo gay nos deu foi sobre a palavra *relacionamento*. Segundo ele, quem se relaciona com alguém geralmente é gay. "Nós adoramos ter relacionamentos", diverte-se esse amigo.

Sofia: Agora, sou eu quem está tomando lições. Sabem que o Edu vivia com essa história de relacionamento pra lá, relacionamento pra cá? Quem diria? Vivendo e aprendendo.

Eles nunca chegam aos "finalmentes"

É interessante continuar analisando a história de Marina porque traz à tona, além da "pessoa", outro elemento que está sendo avaliado nessa peneirada: ele não chega aos "finalmentes". Ele a procura, a leva ao cinema, ou para jantar, mas, ao final dos encontros, nunca acontece nada.

Vejam a história da internauta Martha Mendonça:

> *Quando eu tinha 20 anos, ainda na faculdade, conheci um cara que também fazia jornalismo. Ele era muito legal, nós tínhamos gostos comuns e começamos a andar juntos. Eu pensei: vai rolar, claro! E nada. Semanas se passaram. Ele dizia que tinha terminado com a namorada. De vez em quando, falava nela, mas sem maiores detalhes. Saíamos juntos e... nada. Um dia, no cinema, me deu uma louca e dei um beijo nele! Ele me beijou direitinho, mas tudo meio morno. Saímos do cinema mudos — ele com uma cara estranha. Eu pensei: caramba, será que eu tô com mau hálito?? Ele se afastou um pouco de mim por alguns dias. Eu não entendi nada. Um dia, ele me chamou e contou: sou gay. Mas, juro, ele não tinha nada de gay! Ou eu achava que ele não tinha nada de gay... O resultado é que ficamos amigos. E, eu, aliviada, porque não era um problema meu.*

Mas o caso de Martha é fichinha perto do da viajada e experiente marchand de arte Cristina. Quando ela contou, tivemos dificuldade de acreditar, de tão surreal que era!

Cristina conheceu Álvaro, um empresário superbem de vida, e começaram a sair. Ela estava encantada, acreditando que encontrara finalmente, o amor de sua vida. Álvaro era inteligente, bem-humorado, sensível e rico. Tanto que a convidou para passar um feriado na Flórida. Business Class, tudo de bom! Tudo bem que a Flórida não era o lugar ideal para um romance, mas se tratava de Key West. Por algum motivo, ele foi na frente e ela, dois dias depois. "Álvaro foi me pegar no aeroporto num conversível vermelho. Quando passamos por uma alameda de árvores maravilhosas, eu me senti a própria Julia Roberts em *Uma linda mulher*", delirou nossa incauta.

Hospedaram-se na casa de um casal amigo dele. Logo depois do almoço, ele a levou até o home theater para assistir a um filme romântico, *Uma janela para o amor*. Como o filme era monótono e Cristina estava cansada da viagem, acabou dormindo no sofá. Quando acordou, Álvaro não estava mais lá. "Quis que você descansasse, meu bem", explicou ao voltar para casa.

O feriado foi repleto de atividades: esqui aquático, partidas de tênis, almoços, jantares, happy hours, compras. Por incrível que pareça, só não sobrava tempo nem disposição para a atividade para a qual Cristina estava mais disposta: sexo romântico. Sim, embora dormissem na mesma cama, não rolou nada, nada mesmo. Apenas uns beijos. Ele pediu que ela tivesse paciência, porque estava um pouco estressado e não se sentia com muita disposição para o esporte. Deixariam o sexo para quando voltassem ao Brasil. Bem, nem precisa contar que no Brasil o romance melou por uma desculpa esdrúxula qualquer, né?

Sofia: Esse comportamento é clássico de homens que querem exibir um disfarce, ou *cover*, na terminologia criada pelos nova-iorquinos, para a plateia...

Calma, Sofia, que a saga de Cristina ainda não terminou. Ela realmente parece ter ímã para esses tipos. É de dar pena, até.

Poucos meses depois da viagem com Álvaro, Cristina encontrou um novo príncipe encantado. Alta, vistosa e muito bonita, vocês ainda acrescentariam que ela seria sortuda, não é mesmo? Ela, morando no Rio. Ele, que se chamava Henrique José, em São Paulo. A corte por telefone fluía que era uma beleza. Ligações diárias. Muita gentileza, com grandes doses de sedução. Essas coisas que só os príncipes sabem fazer. Até que a moça anunciou que iria a São Paulo, numa sexta-feira, a trabalho, e poderia esticar para o final de semana. Ele incentivou. Cristina colocou as lingeries mais sensuais na mala e reservou hotel. Na própria sexta, desfilaram de mãos dadas num vernissage badalado. Como Henrique José era uma figura pública, foram até fotografados para colunas sociais. No final da noite, ele a deixou no hotel, sem nem um selinho sequer, mas a convidou para jantar com um casal de amigos na noite seguinte. Ela estranhou...

Durante o jantar, surgiu uma exuberante socialite paulistana e ele a apresentou como sua namorada. Cristina surpreendeu-se com seu título de namorada e notou a desilusão da outra. Depois, quando foi ao toilette com sua companheira de mesa, soube que a socialite era encantada com Henrique José e pedira ao casal que o levasse ao restaurante, para que pudessem se encontrar. Mas a ficha de Cristina só caiu mesmo no domingo à noite, depois de várias evasivas de Henrique José e incontáveis desfiles de mãos dadas por locais públicos. Para resumir, a história culminou com uma fuga desesperada do rapaz do hotel em que ela estava hospedada. Só então Cristina entendeu que fora *cover* por quase três dias. "Senti-me tão usada que me deu vontade de mandar a fatura da prestação de serviços para aquele infeliz", desabafou.

Sofia: Para evitar que vocês insistam em uma relação que evidentemente não dará em nada, desenvolvi uma fórmula muito simples. Assim, vocês não prolongarão situações como as vividas por Marina, pela experiente Cristina e também pela nossa internauta Martha, na inocência dos seus 20 anos. Prontas para minha aula de aritmética, queridas?

É assim:

> *1 indício é apenas um 1 indício = fique atenta sem partir para a paranoia*
>
> *1 indício + 1 indício = 1 evidência*
>
> *1 indício + 1 indício + 1 indício = 1 evidência forte*
>
> *1 indício + 1 indício + 1 indício + 1 indício = 1 comprovação*

Desenvolvam o raciocínio e cheguem às próprias conclusões.

Outro dia, Manu, uma internauta, me perguntou:

> *Sofia, conheci um cara lindo, que já me chamou pra jantar quatro vezes em restaurantes da moda. Quando ele me deixou em casa pela terceira vez, perguntei se queria subir, mas ele respondeu que teria que acordar cedo no dia seguinte para se preparar para a meia-maratona. Não entendi por que precisava treinar tão cedo num do-*

mingo, mas tudo bem. Da quarta vez que saímos, uma sexta-feira, a desculpa foi que o vento estaria incrível na manhã seguinte e ele não poderia perder seu kitesurf. Dessa vez, ele me beijou direitinho no portão. Prometeu que, da próxima vez, ficaríamos juntinhos. Mas, agora, estou bem desconfiada. Em que estágio se encontra esse suspeito? Para mim, isso já é quase uma evidência.

Gente, é muito gratificante ver que vocês estão aprendendo a tirar as próprias conclusões e caminhar sozinhas. A ideia é essa. Não estamos aqui para ficar de bengala para sempre. Manu, o raciocínio é esse mesmo.

- Se vocês saem e, na primeira vez não acontece nada, pode ser que ele seja educado.

- Nada, de novo, na segunda vez, surge o primeiro indício.

- Na terceira vez, novamente, nem sombra de um contato mais íntimo? Bem, está na hora de fazer as contas. Isto é, a soma de dois indícios configura uma evidência.

- Na quarta, diante da evidência forte, e da saída dele de dar um beijo (que, nesse caso, é visto como um despiste), chegamos provavelmente à fatídica comprovação. Eu, diante desse quadro, não me aventuraria a ficar "juntinho" uma noite com esse rapaz.

Então vamos repassar direitinho essa parte para que não restem dúvidas. Vocês estão no bar, é a décima quinta vez que vocês saem e não acontece nada. Você ainda acha que ele é tímido, ou que sua independência o assusta, ou que ele é educado, ou que ele ainda não tem certeza do que quer. Então surge, por acaso, um papo sobre futebol. O rapaz confessa que não torce por nenhum time. Ok, até aí tudo bem, tudo normal. Nem todo homem precisa gostar desse esporte. Mas prestem atenção no alerta de nosso amigo W.

W.: Se vocês falam da Seleção e ele imediatamente diz que só conhece o Kaká... Aí, até eu, que, ao contrário de Sofia, sou mais cauteloso, diria que esse cara é gay.

Os álibis

Esse é o ponto alto deste capítulo. Sim, porque qualquer mulher teria dificuldades de ligar seu gaydar diante de um cara que já teve ex-mulher, ex-sogra, ex-sogro e até filhos. Esse passado seria um imediato atestado de heterossexualidade. Mas, como vocês poderão constatar, infelizmente não é. Relataremos aqui algumas situações que são verdadeiras armadilhas para qualquer mulher.

Sofia: Meninas, até eu quero saber disso. Digam-me: o que vocês apuraram sobre essas relações tão sutis?

O tio

O primeiro álibi que apresentaremos chega a ser folclórico. Mas, como às vezes costuma funcionar com mulheres ingênuas, decidimos incluí-lo. São os tios e seus amados sobrinhos. Geralmente os "sobrinhos", sempre rapazes jovens e mais humildes, têm famílias no interior de outro estado, motivo pelo qual vieram morar na casa do "tio" para estudar. No Rio de Janeiro, um famoso advogado, dono de um dos escritórios mais respeitados da cidade, não cansa de usar esse álibi bobinho.

Certa vez, uma amiga nossa foi jantar em seu belo apartamento. Estava toda animadinha, crente que ia rolar uma história com aquele coroa fino e espirituoso. Lá pelas tantas, aparece o "afilhado" que estava no Rio estudando sabe-se lá o quê. Conversa vai, conversa vem, o advogado resolveu mostrar a parte íntima da casa. Quando ela entrou no quarto dele, havia duas pilhas de jornais idênticas, sobre uma mesinha onde ele(s) tomava(m) café da manhã. Nossa amiga controlou-se para não rir. "Minha vontade foi comentar: que fofo! Duas pilhas com os mesmos jornais. Uma para você e a outra, evidentemente, para o seu afilhado." Perdeu as esperanças naquele instante.

A eterna noiva

O outro álibi é o da eterna noiva ou namorada que ele nunca apresenta a ninguém. Não caia na tentação de se interessar por esse tipo. Você pode pensar que, se a noiva não aparece, é sinal de que ele não quer nada com ela. Então, você se anima achando que suas chances com ele aumentariam consideravelmente. Querida, não se iluda. Esse aí nunca vai querer nada nem com a noiva nem com mulher alguma.

Um repórter conhecido costumava dizer aos colegas do jornal no qual trabalhava que tinha uma noiva. Só que, com o tempo, os colegas começaram a desconfiar que ele era gay. A tal noiva não passaria de uma peça de ficção. Ele sempre ia sozinho aos encontros do grupo. Vivia arrumando desculpas para não apresentá-la. Eram histórias inverossímeis que causavam constrangimento a todo mundo. Fora isso, nenhuma mulher ligava para ele. Só homens. Certa vez, uma colega sacana decidiu colocar um fim àquela eterna encenação. Ao atender o telefonema de um cara para ele, gritou: "Henrique, sua noiva ao telefone." Quando ele ouviu a voz masculina do outro lado, ficou desconcertado. Percebeu que havia sido "descoberto". Depois, ficou aliviado por não precisar mais fingir. Passou a levar o namorado aos encontros do grupo. Foi um alívio para todo mundo, inclusive para ele.

Um amigo nos contou outra história curiosa. Ele disse ter um conhecido que só se dispõe a namorar mulheres que conheçam profundamente a obra de Villa-Lobos e Piazzolla. Sem esse conhecimento, ele já elimina de cara a candidata. Diz que não pode se relacionar com uma ignorante a respeito desses dois músicos extraordinários. Ao ouvir o caso, uma amiga reagiu na hora: "Vem cá, esse cara não é gay? Só falta ele ter uma namorada em Madri, ou em qualquer lugar distante, que ninguém nunca viu." Nosso amigo arregalou os olhos e confirmou: "É isso mesmo!" Foi uma gargalhada geral. Nosso amigo depois parou para pensar na tese e disse que, em relação ao rapaz em questão, ela parecia fazer todo sentido.

A ex-mulher de 10 mil anos atrás

É fácil desmontar todos esses álibis. A situação se complica quando o álibi é a ex-mulher. E fica ainda mais intrincada se, além de ex-mulher, ele tiver filhos. Se não tomarmos cuidado, esse suspeito pode passar facilmente pela quarta peneirada. Por isso, é preciso prestar muita atenção para não ser enganada pelas aparências. Tenha em mente o seguinte questionamento: "Há quanto tempo ele é descasado? Se ele tiver 50 anos e falar da ex-mulher com quem se casou aos 20, separou-se aos 21, e depois dela nunca mais casou com ninguém, suspeite seriamente."

Temos um amigo que nunca aparecia com mulher. Mas vivia falando da tal da ex com quem se casou logo que saiu da faculdade. Sempre que alguém fazia algum comentário sobre gays, ele falava dessa tal ex. Durante anos, escondeu-se atrás dessa figura, até que, quase aos 60, assumiu sua homossexualidade.

Essa história de ex já pegou muita mulher desavisada. Lúcia começou a sair com Afonso, um médico bem-apessoado. Nas primeiras vezes que saíram, não rolou nada, mas ela estava tranquila quanto à orientação sexual de Afonso. Isso porque, certa noite, a caminho de um jantar com uns amigos, ao passarem em frente a uma casa na rua Inglaterra, nos Jardins, em São Paulo, ele comentou: "Aqui moram os pais da minha ex-mulher." Em seguida, disparou a elogiar os ex-sogros, lamentando em parte o fim do casamento pela boa relação que mantinha com eles. "São pessoas agradabilíssimas, cultas, refinadas", desmanchou-se. Lúcia estava feliz, pensando que, embora ele estivesse custando a se declarar, ao menos ela tinha certeza de que ele não era gay. Não chamou sua atenção o fato de ele estar separado há 20 anos e nunca ter voltado a se casar. Ela resolveu investir. Algumas vezes, ele ligava, outras era ela quem tomava a iniciativa. Saíam, mas nada acontecia. Ao final de dois meses nesse lengalenga, Lúcia já estava totalmente envolvida com Afonso. Acabou declarando-se, na esperança de que ele reagisse. Qual não foi a sua surpresa ao ouvir dele a fatídica confissão: "Lúcia, você é incrível, mas eu não me relaciono com mulheres. Você, para mim, é uma grande amiga."

Ela contou que foi um choque. "Quase me machuquei com essa história. A sorte foi que ele resolveu abrir o jogo a tempo; caso contrário, eu teria sofrido demais."

Sofia: Eu, que olho tudo com uma lupa gigantesca para não deixar escapar nada, confesso que esses casos são os mais difíceis de identificar. Mas, vejam bem, quando vocês estiverem vivendo uma situação parecida com essa, procurem usar a minha aritmética. Se o cara está separado há duas décadas e nunca mais se casou ou teve uma namorada firme, isso é um indício. Se, além disso, ele sai mil vezes com você e não acontece nada, estaremos diante de uma evidência forte. Para chegarmos à comprovação, tente dar-lhe um ultimato. Declare-se. Fale de seu amor, de seu tesão, de sua atração por ele ou do que quer que seja que você está sentindo. Nessa hora, pode ser que ele assuma ser gay. Ou pode não dizer nada e simplesmente desaparecer para sempre. Seja qual for o desfecho, será melhor para você. Para que perder tempo com uma história que nunca irá se concretizar?

Os filhos

Se é difícil derrubar o álibi da ex-mulher, o dos filhos é quase impossível. Você põe sua linda cabecinha para pensar e conclui, inteligentemente: bem, se ele tem ex-mulher e FILHOS, é porque gosta de mulher, correto? Ai, como seria fácil se tudo fosse tão óbvio assim! Uma antiga piada define bem esses julgamentos apressados. Um indivíduo pergunta para outro o que significa a palavra deduzir. O segundo explica. "Olha, você chega para uma pessoa e pergunta 'você tem aquário?'. O outro responde que sim. Então você diz: 'Deduzo que você tem filhos. Então, deduzo que você é casado.' O primeiro indivíduo ficou feliz com a explicação e resolveu testar seu poder de dedução. Perguntou, então, para um amigo. 'Você tem aquário?' Ao receber a resposta negativa, ele concluiu: 'Então deduzo que você não tem filhos. Deduzo que você não é casado. Deduzo que você é gay.'"

Como as coisas não funcionam assim, não se apresse em concluir que ele não é gay só porque tem filhos. Um conhecido nosso, durante uma conversa entre amigos que faziam gozação com histórias de gays, revelou: "Vocês fazem essa brincadeira, mas não têm ideia do que é ser filho de gay." Os outros ficaram constrangidos. Nosso conhecido então contou que, após vinte anos de casamento, o pai largara a mãe para viver com um fuzileiro naval.

Amor platônico

Maneco é um cara de 40 e poucos anos, nunca se casou nem foi visto com namorada, embora tenha uma situação profissional confortável e estável. Mesmo assim, algumas de suas colegas de trabalho, ainda duvidam que ele seja gay.

"Ele teve uma paixão platônica durante um longo tempo por uma colega de trabalho, uma paixão totalmente pública. Todos nós sabíamos o quanto ele era louco por ela", conta uma amiga, que acredita que Maneco seja apenas assexuado, e nunca teve uma experiência sexual na vida. "Acho que ele catalisa tudo para o trabalho, que é a razão de sua existência. E não sou só eu que acho isso, não", acredita essa amiga, que o conhece há vinte anos.

Maneco é discreto, amigo fiel, reservado, muito atencioso. Só foi morar sozinho depois dos 40, embora sua situação financeira havia muito permitisse comprar um bom apartamento. Morava com o pai, a mãe e os irmãos. Sempre foi retraído, um pouco triste, como se faltasse alguma coisa muito importante em sua vida.

Então, ele, discretamente, começou a comentar com alguns colegas mais próximos sobre sua paixão platônica por Vera, que também trabalhava com eles. Vera é uma mulher de temperamento forte, mandona, bonitona, independente. O retraído Maneco providenciou para que seu sentimento se espalhasse. Todos torciam por ele, sabendo que ele era tímido demais para se declarar a Vera. Mas ele a cortejava à sua maneira. Dizia o quanto ela estava bonita, mandava poesias, presenteava-a com livros. Às vezes, dizia o quão interessante ela era. Vera alimentava. Na verdade, ela gostava daquelas investidas sutis. Era bom sentir-se cortejada, embora achasse que ele jamais se declararia.

Com o tempo, ela achou que já era hora de definir aquela história. Afinal, ela achava Maneco um cara interessante e pensou: por que não? Como todos diziam que ele tinha medo dela, por causa de sua personalidade forte, ela resolveu dar um empurrãozinho no destino. Um mês antes de tirar férias, convidou-o para viajar com ela. Dividiriam o mesmo quarto. Qual não foi sua surpresa com a reação de Maneco ao convite. Ela, que esperava um sim imediato, deparou com um homem nervoso, desconcertado. Ele pediu um tempo para pensar. Os amigos o estimulavam, mas ele dizia que achava que não seria bom, que não daria certo, sem apresentar uma explicação razoável ou convincente para não ir. No final, Maneco simplesmente caiu fora.

Depois disso, as gracinhas com Vera acabaram. Não tinha mais sentido manter aquela brincadeirinha romântica, já que ele jamais assumiria qualquer coisa.

Sofia: Queridinhas, minha sugestão é: nunca desliguem o seu gaydar.

Fuga geográfica

Homens que não suportam mais a claustrofobia do armário ficam sonhando em ir para Pasárgada, mudar de cidade, de país e, se fosse possível, até de planeta. E é o que muitos realmente fazem. Os que não conseguem mudar de cidade ou de país aproveitam as férias para viver ao seu estilo. Os destinos preferidos são Ibiza, Mikonos, Berlim, Madri, Nova York...

Douglas, estudante de Antropologia em São Paulo, era o típico macho. Na faculdade, só saía com héteros, tomava cerveja, jogava bola, usava calção e andava largadão. Para a inveja dos amigos, tinha uma namorada linda, uma das garotas mais desejadas da faculdade. O mais incomum em sua vidinha comum eram as viagens misteriosas que fazia para o Rio de Janeiro. Dizia que tinha amigos na cidade. Quase todos os finais de semana ele deixava a fofa da namorada em casa e partia.

Um belo dia, rompeu com a moça e foi estudar em Paris. Levou junto o real motivo de suas viagens pelas plagas cariocas: um designer bonitão, sarado e divertido, com quem namorava havia mais de dois anos. Fez pós-graduação em Sociologia, voltou para São Paulo com o morenão debaixo do braço, e o apresentou para todo mundo como seu companheiro. Viveram juntos por um tempão. A história só não teve final feliz porque o gatão o trocou por outro. Douglas ficou arrasado, mas pelo menos livrou-se do peso de viver mentindo para os amigos. Aquela sua ex-namorada gostosa nos contou que nunca desconfiou que ele fosse gay. Mas não ficou grilada ao saber de suas preferências. "Eu disse para ele ser feliz."

Outro caso de fuga geográfica é o de Luisinho, também da mesma faculdade de Douglas. Luisinho morava numa república de estudantes com cinco amigos – rapazes e moças – e namorava uma colega do grupo. Ninguém jamais desconfiou que ele fosse gay. Certo dia, também se mandou para Paris. Hoje, na avaliação dos próprios amigos homossexuais, ele é quase uma drag. Mora num apartamento no Marais, com os armários abarrotados de plumas, paetês e lingerie sexy. "Ele conseguiu ser o que queria em outro país. Na república, nunca teve coragem de se assumir", conta um amigo íntimo.

Sofia: Gente, o que será que Paris tem, hein? Desse jeito, vai acabar roubando do Rio o título de capital mundial gay. Os cariocas que se cuidem!

No consultório de um terapeuta, encontramos a resposta para essa dúvida de Sofia. Ele nos contou que muitos homens que se descobrem gays – ou melhor, que passam a admitir que são gays, embora já desconfiassem quase toda a vida – pensam logo em fugir do Brasil, para não ter de assumir sua sexualidade para a família, os amigos, os colegas de trabalho. "Muitos querem viajar, fazem mil projetos de morar fora e assumir a homossexualidade", revelou.

Os casados fantasiam que, se saírem daqui, não precisarão admitir para os filhos e para a mulher suas preferências. "Eles me dizem que ir para o exterior seria a solução. Os filhos ficariam com a mulher e eles nunca precisariam contar nada. Veriam os filhos de tempos em tempos, e ninguém precisaria saber do real motivo da mudança." Quando um paciente sugeriu essa saída, o terapeuta respondeu: "Ok, você tem 40 anos. No mínimo, vai viver mais 40. Você acha verdadeiro esconder essa situação do seu filho para o resto da vida?"

Uma psicóloga amiga também nos contou histórias parecidas. Ela conhece vários amigos gays que se mudaram para o exterior por não terem coragem de viver no Brasil e enfrentar tudo e todos. Para ela, isso acontece porque a sociedade brasileira, embora pareça liberal, ainda é muito preconceituosa em relação aos homossexuais. "As pessoas aceitam as aberrações, os gays quase travestis, escandalosos, cheios de trejeitos. Os bufões. Mas encarar um gay executivo, bem-sucedido, com um companheiro estável, levando uma vida afetiva normal, isso é muito difícil. A sociedade não é só preconceituosa, é cruel", diz ela. E lembra uma novela da Globo em que um casal de lésbicas super-resolvidas, superfamília, antenadas, bonitas e bem-sucedidas foi sacrificado numa explosão, porque os telespectadores não suportavam ver as cenas com as duas.

E por que eles escolhem ir para o exterior, seja Paris, Nova York, Madri? Simples: em cidades como essas os homossexuais podem levar uma vida normal. Podem almoçar e jantar em bons restaurantes sem precisar se esconder. Aqui, a maioria ainda vive em guetos, preferindo lugares frequentados por homossexuais. Até na liberal praia de Ipanema há um reduto só deles. "Muitos dos gays que conheço resolvem se mudar porque não suportam frequentar o mundo gay. Querem levar uma vida normal com seus amigos gays e héteros e ser respeitados no trabalho. Não querem viver em buracos, feito ratos", diz ela.

Essa mesma analista revela que o preconceito com os homossexuais surge desde que são adolescentes. "Muitos pais proíbem os filhos de sair com amigos que eles desconfiam serem gays. Se esses garotos fossem tratados com respeito, provavelmente não precisariam se trancar no armário depois de adultos. Já assumiriam suas preferências desde jovens."

Sofia: Verdade. Eu mesma não teria sido enganada. E, se não existisse esse tal preconceito, talvez nem precisássemos estar escrevendo este guia. Mas, como estamos falando de mundo real, e não ideal, fiquem atentas às nossas dicas.

Capítulo 5
QUINTA PENEIRADA

Uma casa suspeita

A casa é impecável? A cama, arrumadíssima? Muito design por todos os lados, inclusive nas revistas? Então preste atenção. Uma garota escaldada como você, que já leu os quatro primeiros capítulos deste guia, saberá identificar facilmente a casa de um suspeito. Se ela tiver todos os indícios descritos a seguir, tome um drinque, bata um papo e considere que esse cara de bom gosto e tão organizado pode ser um grande amigo. Não, querida, não embarque na desculpa de que ele é virginiano, libriano ou louco por decoração. Outras incautas já passaram por isso. Poupe-se!

O relato a seguir é de Sandra, psicanalista, divorciada, com três filhos, que sai cedo para o trabalho e chega em casa pouco antes do jantar, única refeição que faz questão de compartilhar com as "crianças", como ela chama os filhos, com idades entre 10 e 14 anos. Por mais que tente, sua casa só foi o sonhado modelo de perfeição no primeiro ano de casada. Depois veio o primeiro filho, e ela nunca mais conseguiu ter a sala organizada. Assim, quando entrou pela primeira vez na casa do Carlos Alberto, pensou ter atravessado as portas do paraíso. Vejam só:

Ah, vai me dizer que não é uma delícia chegar na casa dele pela primeira vez e descobrir que o lençol tem trocentos fios, seu rostinho deslizando por aquele tecido que parece uma nuvem. Ainda por cima, as fronhas têm sóis bordados com fios dourados, seriam fios de ouro? Vai, confessa, você se sente uma princesa. Aquele cheirinho de L'Occitane partout, a cama impecavelmente arrumada, completamente diferente daquele seu último namorado, com o lençol de tergal de estampa horrível e desbotada, e ainda por cima com as fronhas encardidas cheirando a suor. Afinal, ele trocava a roupa de cama de quanto em quanto tempo? As toalhas eram quase transparentes de tão gastas. Uma vez ele contou, rindo, que ainda eram do enxoval de casamento, já se iam mais de 20 anos. Bem diferentes das que encontrei no banheiro do Carlos Alberto: felpudas, macias, cheirosas. Que upgrade! Como eu pude conviver com aquele ex, que ainda por cima maltratava a Língua Portuguesa como poucos analfabetos? Ah, lembrei: porque ele tinha uma pegada que me dava vertigem, não errava uma. Como aquele cara era bom no esporte! Tempos passados.

Quando deparei com aquela bancada de banheiro melhor do que a da Demie Moore, quase perdi a respìração. O banheiro era todo em mármore branco, ilibado, com aquelas ferragens incríveis, e toda a louça de design. Espelhos em várias paredes, permitindo que eu me visse de todos os ângulos ao mesmo tempo. Ah, o que aquele meu ex seria capaz de fazer nesse banheiro com sua superpegada e criatividade proativa! Mas, naquele momento, essas lembranças faziam parte do passado e eu ainda nem tinha visto o desempenho na cama do que eu imaginava ser um deus para comparar. Era a primeira vez que eu ia ao apartamento do Carlos Alberto. Na bancada e nas prateleiras de cristal de 3cm, todos, eu disse todos, os produtos que uma mulher pode desejar, para todos os lugares possíveis e imagináveis. Encontrei até um para os dedos dos pés, que nem podia imaginar que existisse. Tudo importado, desnecessário dizer. É bem verdade que alguns traziam no rótulo que eram próprios para homens. Mas será que as peles são assim tão diferentes? Cheguei a pensar em expulsá-lo da própria casa e convidar minhas amigas para um fim de semana de SPA. Só chamando todas para experimentar aquele arsenal. Balança de precisão, uma cama especial para massagem, toalhinhas brancas caprichosamente enroladas num cesto chinês. Nossa, que sorte esse cara tem com empregada, pensei. Por que não consigo que elas façam as coisas exatamente do jeito que eu peço? Na extensão do banheiro, uma claraboia levava luz natural ao pequeno jardim. A bancada tinha todos os perfumes criados na França, muitos deles femininos. Toalhinhas, antidemaquilantes, tudo. Eu estava me sentindo no nirvana. Depois de horas nesse cenário, saí toda perfumada, hidratada e sexy. Uma gostosa. Mais confiante que uma estrela de Hollywood! Já podem imaginar como foi a nossa primeira e longa noite? Duvi-de-o-dó! Foi uma tremenda surpresa!!! Entramos pela

UMA CASA SUSPEITA

madrugada assistindo aos filmes cult que ele coleciona. Isso mesmo que você leu. Nada mais, nada menos. Carlos Alberto disse que adorava comentá-los com uma pessoa inteligente como eu depois de vê-los, ainda mais tendo eu uma visão psicanalítica para oferecer, tá?! Disse que sexo era uma consequência, não era o eixo de um relacionamento. Isso depois de dois meses saindo juntos.

Sofia: Sem comentários. Esse relato me deixou estarrecida. Sandra ficou tão impressionada com o banheiro do Carlos Alberto que perdeu completamente o foco. Poxa, querida amiga, espero que, a partir de agora, uma simples visita a um banheiro magnífico desses não a leve para a estratosfera antes do tempo. Deixe essas sensações para homens que queiram mais do que uma psi para discutir seus filmes. Você acreditou que aquele poderia ser um banheiro de hétero? Posso imaginar o resto da casa.

Angelina, gaúcha designer de joias, casou-se com Maurício, jornalista carioca. O casamento durou pouco, principalmente porque ele era muito sem graça na cama. Também era neurótico por arrumação e decoração da casa – aliás, atualmente, é dono de uma loja de objetos de decoração e design. Ainda casada, ela alimentava a suspeita de que a preferência sexual de seu marido não era por mulheres. Anos depois, ela o encontrou na rua. Papo vai, papo vem, falaram da vida e ela comentou que tinha uma cadelinha. Ele contou que também tinha um cachorro. "Seu nome é Otto, com dois tês", enfatizou. Na hora, Angelina confirmou suas suspeitas. Ela não conseguiu segurar-se quando ele veio com a história do nome. "Bah, Otto com dois tês? Que coisa mais viada!"

Sofia: Lembro-me de quando entrei na casa do Edu pela primeira vez, fiquei impressionada. Era um apartamento antiguinho, num prédio charmoso, desses sem elevador, mas era uma graça! A sala toda pintada de amarelo-clarinho, um sofá de listras largas azuis e brancas. Outro xadrezinho no mesmo tom da parede. Cheio de velas, cheio de charme. Uma das coisas que me impressionaram foi o cheirinho no ar. Era uma essência que ficava no bocal da lâmpada, que, quando acesa, exalava aquele perfume. A primeira coisa que pensei foi: "Ah, que incrível um homem libriano, como são ligados à estética, não conhecia essa benéfica influência de Vênus..." Juro, foi exatamente isso que pensei.

Mulheres, quando estão apaixonadas, têm desculpas para tudo, não é mesmo? Hoje eu me divirto com as desculpas astrológicas que eu inventava para a "alma feminina" do Edu. E me impressiono como eu acreditava. Edu era do signo de Libra (regido por Vênus), com ascendente em Câncer (regido pela Lua) e com Lua em Touro (também regido por Vênus). Para mim, isso justificava um monte de atitudes que hoje encaro como evidências. Sou considerada superfeminina e sou de Áries (regido por Marte) com ascendente em Áries e Lua em Aquário (regido por Urano, que muitos consideram um planeta "andrógino"). Ou seja, nenhuma explicação astrológica para minha feminilidade.

Outra coisa que, segundo Flávio Henrique, um amigo nosso superassumido, denuncia um gay, se ele for enrustido, é a raça do cachorro. Para isso, você nem precisa entrar na casa do suspeito, pode encontrar na rua mesmo. Mas, se entrar na casa, aproveite e veja o "armário" do cachorro, ou seja, a caminha, o potinho de comida e de água, os brinquedinhos do pet. Se você estiver assimilando o espírito da coisa, vai entender direitinho do que estamos falando e, numa simples olhada na área de serviço, ou pior, no quarto do suspeito, já vai sair com a história definida. Se em vez de cachorro ele tiver um gato, seu gaydar vai explodir, esqueça!!! Voltando ao nosso "consultor", gay a-do-ra raças exóticas.

"O cachorro que a bicha enrustida compra é completamente diferente. Gay gosta de raças raras, daquelas que o filhote custa R$ 1.600, sabe? Galgo é supergay. Você imagina um hétero passeando com um galgo? É tão fino, tão fino, que não dá nem pra ser olhado de frente, fica um olho de cada lado. Afghan também", diz Flávio Henrique, um gay sem cão. Ele observa que seus pares envolvem-se emocionalmente com tanta intensidade com seus cachorros que choram três semanas sem parar quando eles morrem. "Juram que nunca mais terão outro na vida, e depois de um ano estão comprando uma raça ainda mais exótica", nota.

Nesse aspecto, discordamos de Flávio Henrique. Somos donas de cães que amamos, e só de imaginar que nossos queridos amigos um dia vão nos deixar, enchemos nossos olhos de lágrimas. E não somos gays, Flávio Henrique. E, se fôssemos, com certeza não seríamos enrustidas. Achamos que apego aos pets não tem nada a ver com sexo, e sim com afeto.

Sofia: Eu também acho que você está exagerando, Flávio. Há muitos anos, eu me apaixonei por um cara que tinha dois galgos, que, aliás, pareciam com ele: alto e muito magro. E nunca soube que ele tivesse tendência para ser gay.

W.: Vocês três não sabem o que querem. Flávio, você tem meu apoio! Esse negócio de galgo é coisa de gay mesmo.

Bem, não vamos transformar isso aqui numa guerra entre os sexos. Mudando de assunto, outro dia encontramos uma amiga de uma amiga nossa, divorciada, dois filhos adolescentes, superdescolada, e contamos sobre o guia que estávamos escrevendo. Não acreditamos no que ouvimos. Ela terminara recentemente um namoro de quatro meses, tempo recorde do cara, segundo ela, que depois se tornava o melhor amigo das exs. O tal cara entupiria qualquer peneira, mas a moça insistiu. E, ao que tudo indica, não só ela. Não bastassem os milhões de indícios, o cara ainda tinha trejeitos afeminados. Mas Nanda quis se iludir, e, quando mulher resolve se iludir, não há quem segure. Não vamos contar o apelido de criança da criatura para não entregar ninguém. Mas é um escracho só. É de rolar de rir. O pior é que o fulano está novamente casado. Com uma executiva que mora numa supercobertura e não quer ter filhos.

Na época de Nanda, ele já morava num belo apartamento. Agora imaginem como não está vivendo nessa cobertura de 600m²? Mas vamos às impressões de Nanda ao conhecer o ninho do moço. Vejam se não era para ela ter deduzido, de cara, que o esporte dele era outro!

Ele adora malhação, e por isso montou uma superacademia em casa. Seu esporte preferido é caça submarina. Nanda contou que, na parede da tal academia doméstica, existiam milhões de fotos dele em poses atléticas e olhares sedutores segurando seus troféus. Muitas

UMA CASA SUSPEITA

fotos de perfil, exaltando seus bíceps musculosos. Em casa, não tolerava nem uma lâmpada queimada. Comprava latinha de tinta para retocar a pintura se visse um arranhão no rodapé. Estão achando pouco? Então, vamos para o banheiro todo em preto e branco, com detalhes em amarelo. Um dia ele se vira para Nanda e pergunta:

— Encontrei um tapete que parece par desse quadro com orquídea amarela, você acha que ficaria muito gay?

— Acho sim — respondeu ela.

Mas os detalhes não paravam no quadro e no tapete. Nosso amiguinho tinha a capacidade de comprar sabonete e xampu amarelos para encher os potinhos e combinar com a decoração. Certa vez, Nanda questionou o porquê dos sais de banho se ele nem sequer tinha banheira.

— Ora, porque é amarelo, para enfeitar!

Depois dessa, achamos desnecessário detalhar a decoração da cozinha, onde torradeira, espremedor de frutas e liquidificador eram todos de design italiano retrô.

Passemos então ao depoimento de uma médica baiana sobre um ex-namorado, também médico:

Eu já tive namorados fissurados por esportes, mas aquele era fissurado em si mesmo. Você entrava na casa dele e tinha pôster dele e troféus por todos os lados, tudo indicando um egocentrismo exacerbado. Pôster da regata no México, na Itália, mas todos sempre ressaltando a figura dele, sempre ele. Fotos nossas ou da família, só em pequenos porta-retratos. Narcisista. No consultório dele, tudo, tudo mesmo era monogramado. Até o sabonetinho no toilette. Ele era o homem-monograma: lençol, nécessaire; mantinha, tudo. Na vida pessoal, eram as camisas, o jaleco. Monograma com as iniciais dele ou da sua marca preferida: Louis Vuitton. A capinha do Palm, a pasta de trabalho, a agenda, o chaveiro! Pelo amor de Deus!

Sofia: Homem-monograma, rá, rá, rá! Lembrei-me agora de um namorado que, durante uma viagem, levou no nécessaire um copinho de prata monogramado, daqueles de bebê, para botar a escova de dentes. Quando vi aquela peça no banheiro do hotel, achei muita frescura, mas não desconfiei de nada. Será que ele também é?

Capítulo 6
SEXTA PENEIRADA

Boa-noite, Cinderela

Vocês vão pra cama e você começa a se achar "proativa" demais, avançando o sinal daquele homem que só quer te amar com a maior decência? Então, pelo visto, você ainda não aprendeu a ler os alertas do seu gaydar. Mas nós vamos ajudá-la, querida. Se o cara começa de "peraí", "vamos com calma", "intimidade se conquista com o tempo", "aqui não", "ali, também não", "eu tenho meu tempo", "não gosto de mulher que toma a iniciativa", não espere que ele vá se soltar no futuro. Ele está ali com você no maior "esforço de reportagem". Nada pessoal. Se você fosse homem, provavelmente isso não aconteceria.

E não se iluda com a crença de que o tempo está correndo a seu favor, porque, definitivamente, não está. Ao contrário. Em vez de tomar gosto pela coisa, a cada noite que passa, ele toma mais aversão. Então virão as dores nas pernas, as dores de cabeça, enjoos, cansaços, e o que mais ele conseguir inventar para não transar com você. Lamentamos informar, mas a tendência é piorar. Sempre.

Acenda a luz vermelho-sangue se ele vier cheio de nojinhos, tipo sexo oral de mão única: ou seja, só nele. Isso é bem característico de gay no armário. Dada a delicadeza do tema, e como não temos o desembaraço de uma Sue Johanson, resolvemos limitar-nos a transcrever os depoimentos que colhemos de gays, de mulheres que se relacionaram com gays (no armário ou fora dele) e de gays que já se relacionaram com mulheres (alguns, inclusive, casaram-se com elas). Comecemos por Sofia, afinal, ela tem uma vasta experiência no assunto.

Sofia: Antes de mais nada, preciso esclarecer que sou uma romântica que gosta muito de sexo. Uma vez sonhei com um cara que trabalhava comigo e eu nem sabia seu nome. Fiquei alucinada, queria transar com ele até no banheiro do trabalho. Eu tinha vertigens só de imaginar. Um dia quase caí da cadeira viajando no meu pensamento. Ele morava em Niterói e, num sábado, me despenquei pra lá, para, finalmente, cumprir meu desejo. Como o meu carro estava na oficina, peguei um aerobarco pra chegar mais rápido. Valeu cada milha navegada. Eu tinha exatamente 30 anos e acho que Itaipu inteiro ouviu meus gritos de prazer. Foi tudo o que eu imaginara, e um pouco mais. Inesquecível! Nem preciso dizer que me apaixonei.

Mas, em relação ao Edu, numa de nossas primeiras vezes, eu, apaixonada, quis beijá-lo inteiro. Ato contínuo, primeira censura. "Calma, Sofia, peraí, aí, não." "Por que não, qual o problema?", perguntei. E a resposta: "Tá me dando aflição, tenho meu tempo." Confesso que ouvir que ele tinha "aflição" em receber sexo oral me deu uma tremenda "aflição". Mas, otimista, fui me divertir em outro lugar. Naquele início, deve ter havido muita frescurinha que a paixão não me deixou ver, e eu nem me lembro mais.

No começo do namoro, Edu foi fazer um mestrado em Londres e passamos mais de um ano namorando por correspondência e eventuais pontes aéreas. Logo em seguida, casamos. A lua de mel foi a maior decepção. Ele parecia fugir de mim como o diabo da cruz. Sinceramente, não me lembro de termos transado, só ficou registrada uma imensa frustração. Ficamos em hotéis chiquérrimos na Europa. Eu produzia o banheiro com velas perfumadas, enchia a banheira de espuma e nada, nada, nada. Tomei meus banhos afrodisíacos absolutamente só. Ao me lembrar disso, agora, mal consigo acreditar na minha patetice. Mas o que eu ia fazer? Pedir a anulação do casamento? A gente vai tentando, esperando o dia seguinte para ver se a situação melhora. Ele dizia que transar não era uma obrigação, que precisava ter vontade. Concordo. Mas por que a vontade não existia? Eis a questão. Então por que casou? Casou por quê?

Quando fomos morar juntos e eu queria dormir abraçadinha (só nos primeiros dez minutos, gente, eu sei que ninguém aguenta dormir agarrado a noite toda), sabem o que o Edu fazia? Empurrava-me com a perna até a minha beirada da cama, dizendo: "Vai pro seu cantinho." Eu era muito infeliz e não sabia. Às vezes, dormia com uma mão no chão, tão para a beirada da cama que eu era empurrada.

Quando mudamos de apartamento, fiz questão de comprar uma cama box 2x2m para nunca mais ser rechaçada daquele jeito. Ah, sexo? Cada vez menos. No último ano de casamento, eu já tinha até um bordão: "Menos viadagem e mais sacanagem." Ele ficava pau da vida. Nem me passava pela cabeça que a irritação era porque eu estava falando a mais pura verdade. E olha que eu não era nenhuma garotinha, não, hein!

Uma vez, quando reclamei da escassez, ele argumentou que um de seus amigos transava com a mulher a cada duas semanas e, mesmo assim, só quando ele estava no Rio de Janeiro. "Isso pode ser bom pra ela, mas não pra mim. De mais a mais, seu amiguinho tem um avião, uma ilha, um apartamento em Nova York, o que não é absolutamente o seu caso."

Ele passou a me chamar de tarada, e, assim, meio de brincadeira, sugeriu que eu comprasse um vibrador para me virar sozinha. Outra coisa estranha é que nunca curtiu junto comigo os momentos depois do sexo. Sempre pulava da cama para alguma atividade ou, se fosse à noite, dormia imediatamente. Nos finais de semana, saía de casa antes que eu acordasse, sem deixar um bilhete sequer. A verdade é que o prazer nunca foi acompanhado de emoção. Essa falta de emoção sempre deixou um grande vazio. Mas, como éramos muito amigos e laços fortes nos uniam, achava que era uma questão de estilo, digamos assim.

Caramba, o relato de Sofia nos abalou. Levamos algum tempo para nos recompor no dia em que ela nos contou essa parte da história. Impressionante como se pode passar tantos anos sem se dar conta de que não se tem uma vida sexual plena. O testemunho de Sofia nos mostra que só amizade não basta. Paixão é fundamental. Homem que começa com frescurinha não tem grande futuro, viram? E essa história de argumentar que o amigo transa menos do que ele, francamente!

Um bom beijo

Ninguém vai discordar que o beijo é o prenúncio do sexo. Dificilmente um beijo xoxo e sem química renderá uma boa cama. A famosa escultura *O beijo*, de Auguste Rodin, é tão carregada de desejo que ninguém se surpreenderia se o mármore ganhasse vida e o casal terminasse entre lençóis. Beijo traduz paixão, desejo, tesão. Um beijo sem emoção é como comida sem sal. Não satisfaz. Se o candidato não der um bom beijo, nem perca seu tempo. Seja ele homo ou hétero.

Alma, uma escritora carioca de 30 anos, conta que, para ela, o beijo é tão importante que prefere adiar a transa só para prolongar aquela sensação gostosa. "Beijo é um estado de adoração", ela diz. "É muito bom ficar agarradinha só beijando, beijando, o corpo amolecendo... O beijo me remete à adolescência. Sabe aquele frio que dava na barriga quando o garoto enfim se declarava? Olhos fechados, encontro de lábios, de língua, o corpo flutuando? Para mim, beijo é intimidade absoluta. É a entrega total. O beijo diz se a transa será boa, intensa. Aconchegados nos braços um do outro, perdemos a noção de nós mesmos. Não sabemos onde começa um e termina o outro, porque a sensação é de que aqueles corpos, aquelas bocas, nunca estiveram separados."

Alma, você tem razão. Nada melhor do que um beijo que nos faça desfalecer. Tudo em volta desaparece. É a dança perfeita. O fim da procura. Desse jeito, não tem como não pegar fogo debaixo dos lençóis.

W.: Nossa, como vocês estão românticas! Sofia, com Edu não deve ter rolado nada parecido, não é?

Sofia: Não posso dizer que o beijo do Edu tenha sido ruim. De repente, ele não sentia a mesma paixão que eu, mas, com certeza, rolou uma química.

De frente para o espelho

Agora vamos falar de um objeto decorativo que pode ajudar muito a ativar seu gaydar: um espelho no quarto. Eles (os gays enrustidos) simplesmente não resistem ao exercício da autoadmiração – principalmente os que passam horas na academia esculpindo seus *corpitchos*. O narcisismo é tanto que não sustentam a máscara por muito tempo. Preste atenção à sentença de Sofia, confirmada por várias mulheres com a mesma experiência:

Sofia: Homem que transa admirando seus músculos e sua suposta beleza gosta da mesma coisa que você, meu bem. Homem que aprecia mulher, transa olhando para os olhos e o corpo dela, até para o infinito, menos para os próprios bíceps!

Beta, uma personal stylist que passou por essa experiência com Narciso Antônio, seu ex-namorado, concorda com Sofia. Ela conta:

> *Narciso, dono de um corpo escultural, vivia me perguntando se estava forte. Quando transávamos na casa dele, parecia que eu não estava lá. Ele ficava quase o tempo todo avaliando os tríceps no espelho gigante em frente à cama. Mas só desconfiei na noite em que me consultou sobre a necessidade de uma lipoaspiração num pneuzinho na cintura que só ele enxergava. Convivo com muitos gays na minha profissão e aquilo me soou muito familiar.*

O fortão, além de não se assumir, casou-se com uma superperua e tem uma filha de 2 aninhos. Mas este mundo é mesmo muito pequeno e, acreditem, ele, sem saber, marcou um encontro pela internet com um cineasta francês, conhecido de sua mulher. Soubemos dessa história (que aparece na Décima Peneirada) pelo cineasta, que, por coincidência, também é nosso amigo. Por sorte, não conhecemos a mulher do marido enrustido. Assim, não teremos de guardar esqueleto alheio no nosso armário.

Sofia: Nossa, nem parece que o Rio de Janeiro foi eleito o melhor destino gay em 2009. Esses carinhas se comportam como se habitassem uma cidade de interior, onde os gays são discriminados. Que vida desgastante essa de viver dentro do armário, cruzes!

BOA-NOITE, CINDERELA

W.: Põe desgastante nisso, Sofia. Imagina transar com um sexo que não é a sua preferência só para manter as aparências. Eu passo mal só de imaginar um homem pelado na minha frente.

Ele adora estímulo anal

Mudando de foco, lembram-se de Nanda, aquela do capítulo anterior, que namorava o tal cara dos sais de banho amarelos que só serviam para fazer *pendant* com a decoração? Ui! Em nenhum momento alguém achou que o cara mandava bem na cama, né?

Vejam o depoimento de Nanda:

> *Definitivamente, sexo não era o esporte do rapaz. Ele era um tremendo companheiro para ir do Maracanã à ópera no Teatro Municipal – aliás, às vezes, ele exagerava nas lágrimas. Mas, na cama, era protocolar. Nada ardente. Só saía do script para insistir em sexo anal, coisa que eu recusava, porque não gosto.*

Já que Nanda mencionou esse ponto tão delicado da anatomia humana, vamos aproveitar a deixa para entrar (sem trocadilho) na controversa questão do estímulo anal. Aqui as opiniões se dividem.

De acordo com nossas pesquisas, nada leva a crer que o cara que gosta de estímulo anal tem alguma tendência para o homossexualismo. Lucrécia, uma amiga na faixa dos 40 anos, discorda. Com um extenso currículo de ex-namorados, garante nunca ter-se relacionado com homem que gostasse de ser tocado em suas entranhas. E não estamos falando de sexo bizarro, apenas de estímulos que possam ser feitos com as próprias mãos, ou melhor, com os dedos. Várias mulheres, inclusive a radical Sofia (pasmem), pensam diferente. Garantem que heterossexuais convictos estão abertos a todo tipo de diversão com sua mulher na cama.

Sofia: Namorei um cara acima de qualquer suspeita e, na cama, valia tudo. Aliás, vou aproveitar a oportunidade e render uma homenagem a esse rapaz, que se tornou um grande amigo. Só não informo seu nome verdadeiro porque todos que me conhecem saberiam de quem estou falando. O João, nome fictício do meu primeiro namorado depois da separação do Edu, foi a melhor coisa que poderia ter-me acontecido naquela fase da vida. Eu estava realmente muito frustrada, porque escolhera tanto com quem casar e, quando o fiz, foi com um gay. Então, apareceu o João. Não tinha nada de bonito, mas transbordava *sex appeal*. Foi a melhor pegada, digamos assim, da minha vida. Ele é do tipo que come a mulher com o olhar, que trata mulher como se fosse a melhor invenção da humanidade. Só de me beijar eu ia à lua e voltava vinte vezes. Tinha até me esquecido o que era um bom sexo, depois de tantos anos de vida morna com o Edu. Toda vez que encontro o João digo que ele merece ganhar o Oscar de melhor trepada. Todas que experimentaram concordam. A comparação da transa com o Edu para o João é a mesma da água para o vinho. E João não se incomodava de receber estímulo anal.

W.: Quem diria, você, hein, Sofia? Parece que seu negócio é ser do contra. Pois saiba que sou radical com esse negócio de fio terra. É coisa de homossexual. Comigo, não tem essa, não. Lucrécia está coberta de razão.

Sofia: Será que até o final deste livro o W. vai se descobrir? Porque, pra mim, esses pseudomachões que desconjuram um "fio terra" são todos uns gays enrustidos. Não se garantem. Duvido que você goste mais de mulher do que o João, W.

W.: Bem, se minha opinião de hétero não vale nada, não sei por que me chamaram. Para sua informação, nenhum amigo meu gosta disso. Você é que deveria fazer um novo check-up nesse tal João. Vai ver que você atrai.

Sofia: Obrigada, querido W.

Ele odeia sexo oral (nela!)

Por que um gay iria para a cama com uma mulher se não é o que ele gosta? A primeira resposta é porque ele ainda não se resolveu, ainda está naquela angustiante luta contra seu instinto. A segunda é que sabe exatamente o que quer, mas está fazendo qualquer coisa para manter a aparência de hétero para a sociedade. Muitos homens com importante posição pública ou social acreditam ser esta a única porta de saída. Outros desejam ou acham que precisam deixar um herdeiro. Ouvimos muitos gays e, dependendo do grau de interesse por mulher, o sacrifício pode não ser tão grande assim. Mas existem limites! Vejam o depoimento de Marcus André, um gay amigo nosso:

Há a cabeça de homem e a cabeça de gay. Se amanhã, por qualquer motivo, eu for pra cama com uma mulher, isso não me torna um "careta" (sim, "careta" é a tradução de straight no jargão gay). A minha visão do mundo é de gay. A mesma coisa é cabeça de homem. Não é porque ele transou uma vez com o primo quando era criança que faz dele um gay. O gay um dia pode tomar uns drinques a mais e ir pra cama com uma mulher. Agora, se ele se referir a você como amiiiiga, vocês poderão ser ótimos amigos. E só.

Então, influenciadas por uma queixa muito comum às mulheres de que os suspeitos fazem qualquer negócio para evitar o sexo oral nelas, perguntamos a opinião de nosso amigo.

Ah, transar, tudo bem, afinal, a natureza fez o homem para transar com mulher. Mas ficar assim, frente a frente com o sexo do sexo oposto, ah, isso nem morto.

Sofia: Estão vendo como devemos confiar mais na nossa intuição?

Continuando a dar voz ao universo masculino, tomamos o depoimento de Adriano. Solteiro, 27 anos, bem encaminhado profissionalmente, no terreno afetivo-sexual ainda parece indeciso. Gosta de meninos e meninas. De formas diferentes. Prazer sexual de verdade, só mesmo com homens. Mas, como prefere a convivência com mulheres, vai dando seu jeitinho na cama. Ele nos conta suas impressões:

Nenhuma mulher pode me acusar de ser desatento, porque sou muito atencioso. Sexo com elas, eu controlo, prevejo, planejo. Presto atenção aos mínimos detalhes. Com homem, não, é puro instinto. Eu me entrego totalmente. Mulheres, eu namoro. Com homens, tenho apenas aventuras sexuais. Mas sinto falta de um relacionamento pleno, seja com homem ou com mulher. O chato é que, quando estou com mulher, sinto falta de homem e vice-versa.

Sobre o sexo oral com elas, Adriano nos surpreendeu. "Faço e gosto muito."

Na opinião de Marcus André, então, provavelmente Adriano ainda não definiu sua sexualidade: "Nenhum gay que eu conheço se aventura a fazer sexo oral em mulher. Esse é o limite social, moral, ideológico, político e biológico também", afirma.

Para Raul, gay assumido, a diferença do olhar de um homem para o de um gay frente a uma mulher começa pela maneira como um e outro a descrevem.

O homem repara nas coxas, nos peitos, na boca, se ela é gostosa ou não. Já o gay fala do cabelo maravilhoso, da pele magnífica com textura de pêssego, dos dentes. No máximo, diz que ela é sexy. Mas nunca terá a visão de lobo mau dos héteros de todas as camadas sociais. Só para exemplificar: homem não liga pra celulite, já viado, o-dei-a!

Sofia: Concordo com todos esses depoimentos. O único homem que enxergou minhas celulites (e criticou!) foi Edu. Ah, se eu soubesse disso antes!

W.: Que celulite o quê, Sofia! Você sempre foi toda sarada.

Segundo outro gay amigo nosso, na pós-adolescência ocorre a última paixão por uma garota, derradeira fronteira entre o mundo "careta" e o mundo gay. Ele nos explica:

Não é um amor carnal, sexual. Mas, efetivamente, nos apaixona-mos. Enquanto não nos definimos, lutamos contra nossos instintos, namorando garotas. Isso vai até uns 20 anos, mas uns chegam até a casar.

Para mulheres que casam com gays enrustidos, a vida em comum vira uma agonia. Elas tentam de tudo para atrair o interesse do marido e algumas sentem-se tão rejeitadas que desenvolvem comportamentos obsessivos.

Um cirurgião ginecológico contou-nos que cansou de atender mulheres pedindo para apertar o canal vaginal. Outras querem fazer tratamentos hormonais para mudar o cheiro, porque acham que seus maridos não fazem sexo por causa disso. Depois, descobrem que os maridos são gays.

"Elas acham que são ruins de cama, pouco atraentes, repulsivas, até. Na verdade, é preciso que essas mulheres compreendam, sejam casadas com gays ou com héteros, que não são culpadas pelo desinteresse dos maridos. O desejo ou a falta dele tem a ver com eles", explicou o especialista.

Uma jovem atriz, que durante anos namorou um colega viciado em cocaína, acreditava na desculpa do rapaz de que o vício atrapalhava seu desempenho. Quando ela pensava em abandoná-lo, ele se desesperava. Com vocação para enfermeira, permanecia naquela relação insatisfatória. Um belo dia, ela conheceu outro colega, cheio de vigor e amor para dar. Quase deixou o moço escapar, por pena do namorado. Ao saber da falta de tesão do rival, o pretendente sacudiu-a pelos ombros e disse-lhe que nenhum vício justificava a inapetência. O problema do namorado não era secura por cocaína; era secura por outro homem. Nossa jovem atriz, depois de anos de uma transa sem graça, largou o viciado pra trás e hoje vive às mil maravilhas com o colega – agora marido.

Apesar de boa parte das mulheres ouvidas para o livro, inclusive Sofia, reclamar tremendamente da má qualidade do sexo, essa questão ainda é controversa. Algumas que namoraram ou foram casadas com gays nos deram depoimentos surpreendentes de que a cama com eles era bastante satisfatória. A questão é: essas mulheres sabem o que é realmente uma boa transa ou se acostumaram com o que eles ofereciam por não conhecerem nada melhor? Deixamos com vocês o benefício da dúvida.

Maria Lúcia diz que o sexo com seu ex-marido, que pegou na cama com outro, era muito bom. Jura que durante os sete anos que ficou casada o desempenho sexual de Arthur sempre foi o mesmo. Até que o casamento começou a ficar esquisito. Arthur chegava cada vez mais tarde em casa. A cada dia, fazia novos amigos, que ligavam sem parar. Durante essas ligações, Arthur abaixava o tom de voz e parecia tenso quando ela se aproximava. Quando Maria Lúcia comentava, ele dizia que era alucinação. Uma tarde, ao voltar mais cedo do colégio onde dava aulas, pegou-o na cama do casal com um rapagão musculoso. Claro que no casamento houve sexo. Caso contrário, o casal não teria tido uma filha (aliás, a menina, hoje uma bela adolescente, recebeu muito mal o homossexualismo paterno. Tem vergonha do pai e não quer vê-lo participando das festas da escola). Mas será que o sexo era tão bom assim como ela diz?

Sofia: Bom, acho que vocês já sabem qual será meu comentário, né? Com certeza, Maria Lúcia e eu temos referências bem distintas do que seja uma boa transa. Conheço mulheres que preferem homens de anatomia pouco avantajada por odiarem a penetração. Satisfazem-se com carícias. Uma amiga frustrada com a transa com o ex-namorado descobriu que gostava mesmo era de mulher. Outra me falou que não ligava a mínima para sexo. Vai ver que para essa professora a cama também era boa porque era só um aperitivo.

Sofia pode ter razão. Entrevistamos uma psicanalista a respeito de seus pacientes casados que relataram ter uma vida sexual nada prazerosa.

"Um desses pacientes, cuja mulher não gostava de sexo, considerava-se bissexual. Ele frequentava garotas e garotos de programa, mas não transava com ninguém. Com garotos, excitava-se, mas não permitia nenhum contato físico", contou-nos.

Os gays casados, que não saem do armário, são uns empatados na vida.

"A situação é tão dramática que alguns casais simplesmente abrem mão da atividade sexual. Elas não transam com o marido e não vão atrás de outros. Com eles, ocorre a mesma coisa."

Em seus desabafos no divã, esses homens admitem que a transa não dá prazer.

"Eles têm amor fraternal por suas mulheres. Amam sem querer sexo, porque simplesmente não funciona. A transa é uma obrigação. Em muitos casos, até tomar coragem para assumir que gostam de homens, buscam a mulher que vai curá-los da apatia. Só que a busca é infrutífera", explica a psicanalista.

Mas muitos insistem na ideia de que serão salvos. Leila, uma bela morena de olhos verdes, na juventude teve um romance com um gay enrustido. Ele se dizia apaixonado, mas ela não sentia firmeza. Além de achá-lo pouco viril, reconhecia que Ronaldo estava longe de ser o homem da sua vida. Para desespero dele, Leila acabou o namoro.

Ronaldo sofreu muito com a separação. Em seguida, passou a se relacionar com homens. Anos depois, Leila viveu uma situação constrangedora. A irmã de Ronaldo procurou-a e acusou-a de ser culpada por seu irmão ter virado gay. Aos gritos, repetia que, se Leila não tivesse largado seu irmão, "ele não teria entrado para o clube". Inteligente, Leila sabe que um homem não vira homossexual por causa do fim de uma relação. Quando lhe perguntamos como era a transa com Ronaldo, foi sucinta:

> *Parodiando Tolstói em sentido contrário, os homens bons de cama são bons de cama, cada um à sua maneira, mas os brochas brocham sempre igual.*

Capítulo 7
SÉTIMA PENEIRADA

Morando juntos

Uma proeza dessas você não se imaginava capaz de realizar, hein? Levar um gay para o altar. A tragédia é que você, provavelmente, não tinha a menor ideia de que realizara tal feito. Simplesmente porque desconhecia que seu amado era gay. Um belo dia, porém, diante de várias evidências, você é obrigada a encarar a dura realidade. Mas espera um momento. Com sua autoestima elevadíssima, você decide acreditar que ele caiu de quatro por você. Você, claro, é aquela supermulher que conseguiu transformá-lo em um hétero convicto. O problema, querida, é que, ainda que você seja uma adorável sedutora (e ninguém está duvidando disso), ex-gay não existe. Se existir, entra na categoria "cabeça de bacalhau" — já se ouviu falar que existe, mas ninguém nunca viu uma. As chances de seu príncipe continuar sendo uma Cinderela são de 99,9 por cento. Provavelmente o coitado estava apenas tentando o mais convincente dos disfarces: o casamento. Não é de duvidar que ele estivesse realmente esforçando-se para ir contra sua natureza. Mas, infelizmente, como diz o ditado, "não se pode enganar todo mundo o tempo todo".

Casamentos desse tipo costumam acabar de duas maneiras. Uma é ele não suportar mais ficar sufocado no armário e abrir o jogo para você. Outra é você chegar sozinha à conclusão de que dorme ao lado de uma Cinderela. Ambas as situações são dolorosas. Se isso acontecer, após muito choro, muita raiva, muita dor, analise o lado positivo da história (acredite, ele existe). Embora você saia recolhendo os cacos, sinta-se feliz por dar fim a uma farsa que faria duas pessoas tremendamente infelizes talvez pelo resto de sua vida. Pense bem: melhor sair a tempo de um casamento desses do que envelhecer mergulhada em doloroso fingimento. Existe, claro, uma terceira via: a de vocês dois viverem uma eterna mentira. Mas você não vai querer isso, não é mesmo?

Vejam o exemplo dessa senhora de 90 anos. Ela nos contou como conseguiu desmontar a armadilha do casamento de fachada ainda na lua de mel.

Meu casamento aconteceu com toda a pompa e circunstância, quando eu tinha apenas 18 anos. Eu, de branco, virgem, é claro, porque nem se cogitava outra hipótese. Tanto o namoro como o noivado transcorreram no maior respeito, como se exigia naquela época. Papai só me deixava sair com Eugênio acompanhada do meu irmão mais velho, já casado. Mas ele era tão respeitoso que, mesmo nas raras oportunidades que tivemos de ficar sozinhos, ele não tentou nada, além de beijar minhas bochechas. Eis que, na noite de núpcias, eu descubro que o homem que meu marido apresentava como seu melhor amigo estava no quarto ao lado do nosso. Eugênio me contou que, coincidentemente, encontrara Getúlio no hotel, e que dormiria com ele no quarto, porque compreendia meu constrangimento na primeira noite. Eu podia ser virgem e pura, mas não era burra. Na hora, percebi que se tratava do amante dele. Imagina, constrangimento?! Fiquei indignada, fiz o maior escândalo no hotel e o casamento acabou anulado. Foi minha sorte. Tempos depois, conheci meu real marido. Um homem de verdade, apaixonado, fogoso, que me deu quatro filhos lindos.

Sofia: Essa senhora é esperta, ainda bem que descobriu antes de o casamento ser consumado, se é que um dia seria. É preciso ter coragem para fazer o que ela fez. O sujeito teria arruinado o futuro dela.

Ana Amélia, hoje com 70 anos, sofreu muito ao descobrir as preferências sexuais do noivo. Jovenzinha, ela estudava em um internato em Petrópolis. Numa festa, conheceu Arnaldo. De cara, apaixonou-se. Gentil, sensível, respeitoso. A seu lado, sentia-se segura. Logo engrenaram um namoro seguido de noivado. As colegas mexiam com ela, porque ela só falava do rapaz. A vida de Ana Amélia passou a girar em torno do casamento, marcado para depois de sua formatura no Curso Normal. Tudo acontecia muito rápido. A mãe dele a adorava. Todos os dias ela comprava uma peça nova para o enxoval ou um presente para a futura nora. Contava para as amigas que estava radiante com o casamento do filho, que havia arranjado uma moça de boa família e muito educada. A nora que ela pedira a Deus. Os pais de Arnaldo estavam tão felizes com o casamento que compraram até um apartamento grande, em Copacabana, perto da praia, para o casalzinho.

Nas férias escolares, Ana Amélia despediu-se das amigas dizendo que iria decorar o apartamento e que as chamaria para conhecê-lo assim que estivesse pronto. Mas, na sua volta ao colégio, no começo de agosto, Ana Amélia estava irreconhecível. Magra, triste e com olheiras profundas. Quando as colegas lhe perguntaram sobre os preparativos do casamento, ela caiu em pranto convulso. Disse que tudo havia acabado. Foi uma surpresa para todas. Tempos depois, quando Ana Amélia contou seu drama para as amigas mais íntimas, o motivo veio à tona. Num começo de tarde, estava escolhendo algumas coisas para o enxoval em Copacabana quando decidiu ir ao apartamento. Ao abrir a porta, deu de cara com Arnaldo, vestido de mulher, aos beijos com um homem. Ela ficou paralisada, branca, olhando para a cena sem acreditar. Saiu do apartamento correndo e não falou mais com ele nem com a família. Os pais dele a procuraram, mas ela não quis contar o que acontecera. Não queria denunciá-lo. Sabia que seria um grande choque para os sogros.

Sofia: Olha, essa história é muito triste, mas eu tenho aqui para mim que os pais dele já desconfiavam da homossexualidade do filho. Sinceramente, que sogra é essa que sai festejando assim o casamento do filho? Gente, sogra é sempre muito ciumenta. Elas só fazem essa festa toda para as noras quando desconfiam que o filho é gay ou que tem algum problema emocional. Aí elas pensam que finalmente o filho se "curou" ou que arrumou uma moça para cuidar dele. Eu estou convencida disso.

W.: Cruzes, Sofia, quer dizer que sogra não pode gostar de nora? Quanto preconceito!

Sofia: Querido, vá por mim. Sogras gostam das noras, mas não ficam assim oferecendo os filhos, doidas para que se casem. Só fazem isso quando acham que surgiu uma tábua de salvação para seu menino.

O gay que chega ao altar é o tipo mais difícil de identificar, porque faz questão absoluta de esconder sua preferência sexual de todos: dos amigos, da família, e, em certos casos, até de si mesmo. Ele se sente pressionado a dar uma satisfação à sociedade. Portanto, não fique se culpando, achando-se uma completa imbecil por não ter percebido antes ou mesmo na lua de mel que seu amado era gay. Muitos se sufocam tanto que levam anos para admitir para si mesmos sua condição. Mas, para não correr o risco de ficar amarrada em um casamento desses, fique atenta aos próximos sinais.

Ele não suporta "bagunça" – tradução: sinais da sua presença

Você pode pensar que seu amado sofre de um Transtorno Obsessivo-Compulsivo qualquer. Afinal, ele vira uma Maria quando está em casa. Reclama sem parar se encontra alguma coisa fora do lugar, faz grosserias, chama você de desorganizada, de relaxada. Ai, um horror! Dá vontade até de botar um lenço na cabeça desse infeliz e entregar-lhe um balde, um rodo e um pano de chão para que ele fique dando brilho na casa o dia todo.

Essas histórias não têm a menor graça. É difícil manter o senso de humor por muito tempo quando o seu amado, em vez de preparar um sanduíche para vocês dois e depois ficar agarradinho vendo um filme, enquanto os pratos descansam na pia, passa a noite arrumando o armário da cozinha, polindo a mesa de vidro, enfileirando os porta-retratos. E quando você pede para ele deixar aquilo de lado e namorar você um pouco, ele dá uma resposta grosseira: namorar no meio dessa bagunça? Ainda que a única coisa fora do lugar sejam os jornais da véspera! Querida, pode sacudir o quanto você quiser essa peneira, porque um homem com esse comportamento ficará preso nos furinhos dessa sétima peneirada. Podemos estar enganadas, mas que homem fica o tempo todo preocupado com a organização da casa? Fique atenta a esse comportamento. Muitas vezes, essa obsessão é desculpa para escapar de você.

Priscila, uma executiva mineira que largou tudo para vir morar com o noivo no Rio, entendeu que a vida conjugal não seria fácil assim que voltou da lua de mel. Vejam sua história.

> *Eu morava em Belo Horizonte e, por causa da distância, convivi pouco com meu primeiro marido antes do casamento. Eu nunca achara o sexo com ele a oitava maravilha do mundo, mas, movida pela paixão, acreditava que, com a convivência, tudo melhoraria. Combinamos que, após o casório, eu me mudaria para o Rio e me instalaria na casa dele até alugarmos um apartamento maior. Foi então que tudo começou...*

Na volta da lua de mel, ela trouxe toda a mudança para o apartamento, conforme o combinado. Veio de malas e bagagens e resolveu dedicar a primeira semana a arrumar as coisas nos armários e gavetas que passaria a dividir com seu marido. No primeiro dia da vida de casados, Frederico saiu para o trabalho, depois que ela lhe preparou o café da manhã. Não o sentiu tão empolgado como ela com a nova vidinha. Mas, afinal, cada pessoa reage de um modo, e ela estava eufórica com sua nova condição civil. À noite, quando Fred chegou, Priscila foi toda sorridente recebê-lo, como se fosse uma festa. Foi então que ele deu o primeiro de muitos ataques de pelanca. Motivo: Priscila, que passara o dia inteiro arrumando a mudança, que absurdo!, deixara uma mala fechada no canto da sala. A moça ficou chocada com aquela reação exagerada. Ficaram juntos apenas dois anos. Ao final, ela estava esgotada, sentindo-se um lixo, incapaz de atender às necessidades de seu exigente marido. Ele pediu para se separar. Ela saiu de casa. Quem tomou seu lugar foi a mãe dele, que continua levando as roupas de Fred para lavar na casa dela. Fred nunca mais foi visto com uma mulher. Só com amigos. Mas, segundo Priscila, ele ainda não assumiu publicamente sua sexualidade.

Sofia: Para mim, essa história já poderia ter acabado no primeiro dia de casados. Ou vocês acham pouco? Essa reação histérica é típica de mulher. Aliás, de mulher maluca e insatisfeita. Se vocês tivessem alguma noção de psicologia ou psicanálise, saberiam que histeria é uma patologia tipicamente feminina. Ou vocês acham normal um cara recém-casado, supostamente apaixonado, dar um chilique porque a mulher deixou uma mala no canto da sala depois de ter passado o dia inteiro arrumando suas coisas na nova casa? Fala sério!

Virgínia, geóloga paulista, também penou, durante anos, com um marido que ela achava ser obsessivo por limpeza. Ela se casou aos 25 anos com Guilherme, um comissário de bordo. Gui era paranoico por arrumação. No começo, Virgínia achava engraçada essa mania dele. Embora tivessem uma empregada que ia diariamente arrumar a casa, ele não suportava sequer uma loucinha suja e não se deitava enquanto tudo não estivesse impecável. Até quando chegava cansado das viagens. Mas o que mais divertia Virgínia era a mania de Gui de só se deitar se o lençol estivesse perfeitamente esticado. "Meu amor, você vai acabar como camareiro de hotel cinco estrelas", ela brincava.

O casamento durou pouco, principalmente porque Gui não era chegado a sexo com a fogosa mulher. Com ela, a única coisa que ele gostava de fazer debaixo dos lençóis era mantê-los esticadinhos, sem uma dobra sequer. O resto vocês podem imaginar, né? Gui está casado, há anos, com outro.

Sofia: Homem não tolerar lençol amarrotado? Ahã... Então tá!

Ele adora arrumar sua boneca

Outro sintoma clássico, que percebemos em vários casamentos suspeitos, são os homens que gostam de embonecar suas mulheres. Nós conhecemos uma mulher chiquérrima, cheia de estilo, e ficamos pasmas quando soubemos que o marido, pai das filhas, era quem escolhia as roupas para ela. Isso porque a última coisa que ela — um ícone de bom gosto e refinamento desde o berço — precisaria era de um marido para ajudá-la a se vestir para sair.

W.: Vai ver que ele acha irresistível e ela consente.

Sofia: Fica quieto, W., deixa de ser inocente. Tire suas conclusões apenas ao final do relato.

Enfim, o homem passa horas com ela em lojas comprando roupas para grandes eventos. Parece que está brincando de boneca. Manda que ela experimente tudo. Vestidos, sapatos, joias. E faz toda a composição. Dá até chilique quando acha que ela não está bem em nenhuma das roupas. E o pior é que essa dama do bom gosto acaba ficando insegura com o próprio estilo. Inacreditável.

Outro conhecido gay da high society, já falecido, também gostava de produzir a mãe de seus filhos. Ela deixava o marido se intrometer por considerar que ele tinha bom gosto. Engraçado que, depois de sua morte, ela mudou completamente de estilo, a começar pela cor e pelo corte de cabelo. Ele era um primor de elegância formal. Sua profissão? Decorador.

Com Laís, uma amiga muito próxima, o bem-sucedido financista nova-iorquino bem que tentou, mas não foi muito longe. Leiam o que ela nos contou:

> *Quando eu e John nos casamos, eu tinha acabado de voltar de uma estada de sete anos em Paris. Mal pisara em Nova York e ele me avisou que, em menos de uma semana, haveria uma festa em homenagem ao pai dele. No dia seguinte, disse que almoçara com duas amigas em Wall Street e elas tinham recomendado que ele me comprasse um terninho Armani, joias do designer tal, e que eu usasse uma flor na lapela que poderia ser encontrada em não sei qual loja. Tudo, é claro, com a supervisão dele, que me acompanharia nas compras. Ele argumentava que eu não tinha roupas para a ocasião, pois eu era meio riponga. Eu achei muita graça. Como eu, uma mulher criada em Nova York e que morara em Paris por tanto tempo, podia estar sendo vista como uma caipira do Texas? Era tudo tão*

absurdo que entrei na onda para ganhar um terninho novo. A tal flor na lapela e as joias, eu dispensei. Se tivesse a experiência que tenho agora, saberia com quem estava me casando. Ou melhor, não teria me casado.

W.: Me desculpem, mas vocês só estão recolhendo os depoimentos de mulheres que se casaram com gays. Por que não foram procurar a mulher de um hétero convicto que gostasse de presenteá-la e vê-la bonita? Se quiserem, anotem aí. Adoro dar vestidos bonitos para minha mulher, de preferência uns em que ela fique bem gostosa. E não é só isso, não. Também adoro comprar lingerie pra ela. Isso faz de mim um gay?

Sofia: Ai, W., para de procurar chifre em cabeça de cavalo. O que você faz quando dá as lingeries para sua mulher? Ou um vestido sensual? Espero que diga que ela está linda e outras "cositas más".

W.: Digo que ela está linda, mas que não precisa de nada daquilo para ser a mulher mais gostosa do mundo.

Sofia: Uau, W., agora senti firmeza... Adorei. Se os homens soubessem que precisam fazer tão pouco para nos deixar felizes... Bom, esqueçam meu romantismo e voltemos aos relatos.

Essa aconteceu com Sara. Ela, uma aquariana, regida por Urano, admirava a alma feminina de Rodrigo. Ele era de Touro, regido por Vênus, planeta do amor. Que lindo: tão sensível. Devia ser por isso que entendia a alma feminina a ponto de acompanhar as amigas ao cabeleireiro. Ela, claro, apaixonou-se. Antes do casamento, ele a incentivou a fazer um upgrade no guarda-roupa. Dizia que gostava de mulher perua, linda e enfeitada. Com o maior prazer, saía para comprar roupas para Sara, entrava em joalherias, mostrava modelos em revistas. Ah, era a glória para ela, tão prática e sem foco nessas futilidades, influenciada por sua criação alemã. Quando iam a festas, decidida sobre que roupa usar, Sara ficava pronta uma hora antes de Rodrigo. Aí ele empacava com um detalhe. Certa vez, ficou mais de 40 minutos para decidir qual o melhor sapato. Experimentava um par e pedia a opinião da mulher, que dizia que estava lindo. Então botava outro, e ela também gostava. Ele ficava furioso porque a mulher não o ajudava a decidir. "Rodrigo, um é vermelho, mais moderno. O outro é preto, mais clássico. Mas os dois ficam bem", ela se divertia, atribuindo sua indecisão a Vênus. Para resumir, hoje Rodrigo tem um namorado, que ele tenta esconder, mas todo mundo sabe da verdade e finge acreditar que se trata do irmão da namorada invisível.

Sofia: Meninas, hétero é hétero não importa o signo, seja de Gêmeos ou de Peixes. E gay é gay, pode ser de Áries ou de qualquer outro signo do Zodíaco. Já vimos que essas desculpas astrológicas não funcionam, não é mesmo?

Ele é mesquinho ou simplesmente gay?

Queridas, outro triste sinal de que seu amado pode ser um enrustido é a mesquinharia. Tudo bem, o cara pode ser macho e um tremendo pão-duro. Mas fique atenta: se, além de todos os sinais anteriores, ainda por cima ele for mesquinho, então não tenha mais dúvidas.

Não espere que ele saia do armário. Tire-o de lá à força e siga sua vida ao lado de um príncipe verdadeiro e generoso. Vejam o trágico depoimento de Paula:

Jorge e eu estávamos casados havia poucos meses. O primeiro choque aconteceu quando ele estava debaixo do chuveiro e começou a gritar:

— Paula, você usou meu xampu?

Atônita, respondi:

— Usei, amor, mas ainda tem mais da metade no vidro.

— Mas você não tem o seu? Não gosto que usem o meu xampu — reagiu furioso.

Aquilo me magoou de tal forma que nem sei explicar. Foi uma decepção profunda com o nível de mesquinharia do homem que eu amava. Da segunda vez, foi ainda pior. Eu estava na banheira quando do ele parou na porta e me disse:

— Você tem que me pagar R$ 24,30 correspondentes à metade da conta de gás.

Eu cheguei a chorar, perguntando-me como me enganara daquele jeito com a pessoa que escolhera para dividir toda a minha vida. Detesto gente mesquinha e logo meu marido era uma delas.

Jorge bem que tentou que eu dividisse o aluguel do apartamento em que ele já morava havia cinco anos antes de nos casarmos, mas eu bati pé e não aceitei. Disse que só dividiria o aluguel quando nos mudássemos para um apartamento maior.

Jorge nunca deu boa vida para Paula. Quando viajavam juntos, cada um pagava a sua parte. Ele jamais se ofereceu para pagar sequer uma ponte aérea Rio–São Paulo. Jorge era durão com a mulher. Cada um por si, vide a história da conta de gás. Hoje ele tem um namorado vinte anos mais novo. Segundo informações colhidas por Paula, o tal moçoilo, Germano, é um aproveitador. Com apenas um mês de namoro, Jorge o levou para conhecer Veneza, Capri, Roma, Paris e Londres. Germano apresenta-se como ator desempregado. Enquanto não é descoberto por algum caça-talentos, faz às vezes de dona de casa: aquilo que nos formulários é preenchido como "do lar". Não é fofo? Continuam viajando, pelo Brasil e exterior, sempre a expensas do agora generoso Jorge. Germano tem o maior vidão. O casal mudou-se para uma cobertura em Ipanema, e Germano tem muito com o que se ocupar: cuidar das plantas, da piscina e programar as próximas viagens do casal.

E Paula? Continua ralando por aí. Não, não. Nada de dizer que ela desejaria ser uma folgada como Germano. Paula gosta de trabalhar e de pagar suas contas. Orgulha-se muito disso até. Mas espera um pouco mais de gentileza de seu futuro amor. Sonha com um homem que não se importe de lhe pagar um jantar romântico, uma viagem de fim de semana na serra ou simplesmente não cobrar a conta de R$ 18,30 da farmácia. Pequenos gestos de desprendimento que ela não se importa também de ter em relação a seu amado. Por exemplo, fazer-lhe uma surpresa e oferecer-lhe uma viagem romântica. Ou pagar sua conta de R$ 45,80 na farmácia. Na verdade, não é o dinheiro que está em jogo. É o gesto de desapego que caracteriza o amor.

Sofia: Pelo menos nossa heroína resistiu estoicamente a não rachar o aluguel com o mesquinho de seu ex-marido até se mudarem para alguma coisa melhor. Quer dizer que, além de usá-la como fachada, ele ainda queria uma otária para rachar todas as contas? Olha, eu nem sei o que dizer, mas, antes de ser um gay no armário, esse cara é um pão-duro, mesquinho, avarento. Não aguento gente assim. Interessante o fato que, para o ator desempregado, vinte anos mais novo, ele é bastante generoso. Como as pessoas podem ser diferentes!

Esse comportamento mesquinho com mulher é quase a marca registrada dos gays enrustidos. Imaginem que a irmã de Paula, Fernanda, também teve o azar de se casar com um, que não era capaz de lhe dar nada nem proporcionar um programa a dois que não fosse dividido na ponta do lápis. Hoje ele sustenta um "sobrinho" e sente prazer em gastar para que não falte nada a seu protegido. Já com Fernanda era tudo muito diferente.

Quando fizemos um ano de casados, estávamos num shopping e eu me encantei com um anel. Como Antônio nunca me dera uma joia, e naquela ocasião recebia um bom salário, insinuei que gostaria muito de ter aquele anel. Na verdade, o que eu queria mesmo era uma demonstração de que ele estava disposto a satisfazer ao menos um desejo meu, porque, espontaneamente, nunca dera um sinal da importância que eu tinha para ele. Ele acabou comprando o anel, mas nem três dias se passaram e veio a fatura: ele começou a reclamar que não tinha dinheiro para pagar as prestações da joia (que não era nenhuma fortuna), que eu o forçara a comprá-la, que eu era fútil. Foi um horror, uma mágoa que guardo até hoje. Ele me fez sentir tão mal que eu disse que devolveria o anel à loja. Qual não foi minha surpresa, ele aceitou. Não sei o que foi pior: essa história do anel ou o final de semana em que comemoramos nossos cinco anos de casados. Aliás, a última "comemoração". Nessa ocasião, ele estava muito bem financeiramente. Acabara de ganhar um bônus milionário, ao qual, obviamente, eu não tive acesso. Sugeri que comemorássemos num hotel-fazenda, mas ele foi logo dizendo que estava duro. Como eu também ganhava bem, disse que seria por minha conta, só para termos o prazer de estarmos juntos, e fomos. Na semana seguinte, ele me apareceu com um relógio de grife caríssimo. "E a sua dureza, que não podia pagar nosso final de semana no hotel-fazenda?", questionei. Ele me deu uma desculpa esfarrapada que comprara em mil prestações, que era necessário se apresentar bem, blá-blá-blá. Menos de um mês depois nos separamos e ele apareceu com uma lambreta, depois um carrão novo e, alguns meses depois, apartamento próprio. E, claro, namorado novo.

Sofia: Não é a primeira vez que ouço relatos sobre mesquinharia com mulher. Pra falar a verdade, Edu também tinha esse traço. Só pagava a conta na frente dos outros. Pensando bem, ele me deu uma única joia e nunca nos proporcionou uma viagem bacana. Com ele mesmo, não podia ser mais generoso. Parecia um príncipe ou um milionário, tal a maneira como se vestia. Engraçado é que eu nunca tinha parado para pensar nisso...

Ele arrasa a mulher na frente dos outros

Outro comportamento muito suspeito é o do marido que fica criticando a mulher na frente dos outros. "Fulana não sabe fazer nada em casa. Quando damos um jantar, sou eu que mostro para a empregada como arrumar os talheres. Sou eu quem escolhe as louças, a toalha de mesa, o cardápio e os arranjos. Sou eu quem orienta até onde comprar os melhores legumes."

Uma conhecida muito refinada foi convidada para jantar na casa de um casal amigo, também muito chique. No dia seguinte, ela ligou, arrasada, para uma amiga. Contou que o jantar havia sido um desastre. O homem, por uma bobagem qualquer, começou uma briga horrorosa com a mulher. Chegou até a jogar a televisão no chão. Ela saiu de lá desorientada. Depois, disse, taxativa, para a amiga. "Só volto àquela casa depois que ele assumir que é gay. Sim, porque, para mim, tamanha histeria é porque ele está muito desconfortável com a mulher. Ele parece detestar o fato de ter uma mulher em casa. O dia em que ele sair do armário, vai relaxar e deixar de dar esses ataques com a coitada."

Sofia: Em primeiro lugar, humilhar a mulher na frente dos outros é um tremendo desrespeito. Uma grosseria imperdoável, parta ela de um hétero ou de um gay enrustido. Mas essa coisinha pequena de dar ataque por tudo — seja pela arrumação da mesa ou pela qualidade da comida — é típico de quem está sufocado dentro do armário.

Closet à venda

E quando seu ex-marido, já de fora do closet, põe o apartamento à venda e parece que todas as pessoas das suas relações resolvem visitar o imóvel? Se não são suas amigas diretas, são amigas das amigas. O fato é que a história chega a você. "Vem cá, qual é mesmo o sobrenome do seu ex-marido? Ele mora em tal lugar? Porque uma amiga foi visitar o apartamento e ficou encantada com o closet enooooorme. Disse que até parecia apartamento de mulher. Ou de gay." E você lá, com carinha de tacho. Depois vem outra amiga da amiga, que dessa vez viu a foto do namorado do seu ex-marido no porta-retrato da sala. "Cara bonito, fortão. Eu o vi pessoalmente quando ele chegou do supermercado", contou a tal amiga da amiga. Ah, porque o novo companheiro, ao contrário de você, mulher independente que nunca deu despesa para o ex, é dono de casa. Teúdo e manteúdo.

Sofia: Gente, se é pra contar drama, contarei o meu. Ou vocês estão pensando que tudo foi simples assim? Pois saibam que eu estou muito bem, lá na Índia, praticando Tantra Yoga e tentando entrar em outra sintonia, quando recebo um e-mail suspeito, com SOFIA no assunto. Achei estranho, mas abri, já que estava com meu nome. Pois vocês acreditam que era a bicha casada com Edu me provocando, assim do nada? Ela dizia: "Sofia, Edu anda muito estressado. Por favor, não passe nenhum problema para ele, porque ele precisa relaxar." Que desaforo!! Sabe qual era o problema a que ele se referia? Eu pedira para Edu dar uma olhada no nosso cachorro porque minha empregada me enviara um e-mail dizendo que ele tinha passado mal. Pedi para ele passar e dar uma olhada no bichinho.

W.: Sofia, você, que agora é toda espiritualizada, não deveria mais perder tempo com essas lembranças. Enterra esse passado.

Sofia: W., querido, antes de mais nada, não sou assim tão espiritualizada. Segundo, é botando pra fora que expurgamos nossos fantasmas. Ser humano não tem ralo, jogamos para fora através da fala. E é isso que estou fazendo. Cansei de engolir sapo.

Capítulo 8
OITAVA PENEIRADA

A dura vida dos homens públicos trancados no armário

Falando sério, há umas figuras públicas por aí que ninguém duvida de que sejam gays. Não podemos citar os nomes por razões óbvias, mas a verdade é que não dá para entender por que certos homens se casam. É notório o caso de um playboy paulista indiscutivelmente gay que resolveu unir-se a uma dama, ou melhor, a uma pretensa dama da sociedade. A cerimônia foi fartamente documentada pelas revistas de celebridades. Chegaram até a fotografar o quarto do casal na noite de núpcias. Pouco tempo depois do casório em estilo conto de fadas, a moça pediu a anulação do casamento, alegando que o marido era gay. De quebra, lançou um livro e pediu uma baba de indenização. Feio, né? Será que ela precisava ter casado para descobrir? Ou será que só ela não sabia da condição do noivo? Sim, porque, na sociedade paulistana, ninguém tinha dúvidas da sexualidade do rapaz. O comportamento dela, claro, foi imperdoável. Não é de duvidar que a moça tenha feito tudo de caso pensado. Mas o que mais intriga é: por que ele se sujeitou a tamanha humilhação? Alguém estava cobrando dele uma atitude máscula? Será que seus amigos iam tratá-lo de maneira diferente caso ele provasse não ser hétero? A verdade é que, depois disso, o animado rapaz saiu tristemente de cena.

E o que dizer daquele homem de mídia engomadinho, que também foi acusado por uma ex-mulher, apresentadora de tevê, de pederastia? Alguém acredita que ele deu aquela felicidade cinematográfica a todas as mulheres que exibiu nas capas de revistas, cada semana apresentando uma como o grande amor da sua vida, cheio de momentos mágicos e descobertas sensacionais? Para com isso!

Outro caso, mais recente, que também chama a atenção é o de um casal de pombinhos, juntos até hoje. Só que ela mora na Europa e ele fica zanzando pelo mundo afora. Filho de pai rico e famoso, vive em badalações internacionais. Antes do casório, ele costumava aparecer em locais públicos com tropas de mulheres lindas. Certa vez, numa boate em Paris, o pai, ao vê-lo cercado de modelos, o apontou como exemplo de garanhão. Tem pai que é mesmo cego. O que intriga é por que esse rapaz, reconhecidamente gay (todos os amigos e amigas dele sabem de suas preferências), que, em tese, não deve satisfação a ninguém, precisa de um casamento intercontinental para promover sua falsa heterossexualidade.

É surpreendente o fato de que, em pleno século XXI, esses homens bem-sucedidos, independentes, de boa aparência, precisem ainda se sujeitar a levar uma vida dupla. Por que infligir esse sofrimento a si próprios e às suas mulheres? É constrangedor imaginar que nossa sociedade, tão permissiva em muitos aspectos, ainda exija que o homem assuma o papel de marido e pai de família para ser respeitado. Imagine a angústia do sujeito que tem de fingir amar sua devotada esposa quando, na verdade, o que gostaria era de estar vivendo, sim, uma história de amor, mas com outro homem? O resultado é que eles saem pela vida arrastando esposas infelizes e mal-amadas. Ou fazendo acordos com mulheres de caráter duvidoso (sim, porque é o mínimo que se pode dizer de uma mulher disposta a representar o papel de esposa para tirar vantagem financeira do marido gay) só para darem satisfação à sociedade de sua masculinidade.

Um diplomata nos contou que cansou de ver colegas se casando apenas para ascender na carreira. É que diplomatas casados, com famílias, têm mais chances do que os assumidamente gays de conseguir melhores postos no Itamaraty.

"Eles ficam arrastando essas palhaças pelo mundo apenas para manter as aparências. São histórias muito infelizes", contou nosso amigo diplomata.

Seu companheiro, porém, tem uma visão mais cáustica. Ele acha que muitas dessas esposas sabem das preferências sexuais dos maridos, mas fecham os olhos porque se beneficiam da vida de glamour que a *carrière* oferece, com festas, recepções e belas casas oficiais. Além disso, disse ele, como os diplomatas adoram ver suas mulheres chiques e enfeitadas, eles as enchem de joias e vestidos caros para que apareçam bem nas festas e recepções.

"Na verdade, eles dão a elas os brincos que gostariam de usar, as pulseiras que adorariam ostentar, os vestidos Christian Dior que eles gostariam de sentir na pele", alfinetou.

Exemplo de modernidade, pelo menos nessa área, quem dá é o governo de Israel. Lá, os casais de diplomatas gays têm os mesmos direitos dos casais héteros, tais como passagens no momento da transferência de posto do companheiro, seguro-saúde e pensão em caso de morte do companheiro. Um diplomata israelense pode perfeitamente apresentar seu companheiro publicamente sem qualquer constrangimento. O Rio já abrigou um simpático casal gay. Ele, vice-cônsul de Israel. Depois foi promovido a cônsul e transferido para outro país. Sim, na diplomacia israelense, não há nada mais natural do que um casal gay. E por que isso? Liberalismo? Sensibilidade? Hum, digamos que pragmatismo. Na verdade, os governantes israelenses acham que essa política ajuda a proteger o país. Explica-se. Israel vive envolvido em querelas internacionais, justamente onde a diplomacia se faz mais necessária. Se seus diplomatas gays fossem obrigados a esconder sua orientação, correriam o sério risco de ser chantageados caso fossem descobertos. Assim, poderiam acabar entregando segredos de Estado em troca do sigilo. Com a liberdade de levarem uma vida normal com seus companheiros, esse risco desaparece por completo. Ponto para Israel.

Mas a verdade é que para os homens públicos ainda é muito difícil romper com os preconceitos. No Brasil, até no Sul maravilha, que se gaba de ser muito liberal, muitos políticos e outros homens públicos preferem esconder suas preferências. Vejam o caso do prefeito de uma paradisíaca cidade na região Sudeste. Político moderninho, trabalha de 18 a 20 horas por dia, vive cercado de assessores bonitinhos, novinhos e cheios de vontade de vencer, como ele. Não vamos aqui revelar sua identidade. Longe de nós ser patrulha de quem quer que seja. Cabe a ele decidir quando e se quer algum dia sair do armário. Esse nosso político é casado, tem uma linda família que poderia estar num comercial de margarina e vive posando de macho. Só que, quando bebe, solta a franga. Numa festa, já pediu a um segurança para ser jogado na parede e chamado de negão. Há testemunhas.

Os boatos sobre essa figura pública correm soltos. Quando ele fica nervoso, dá chilique e estraçalha celulares com violência. Já zuniu vários ao chão. Certa vez, estava usando emprestado o celular de um fotógrafo (já havia quebrado o seu) quando começou a se estressar. Já ia atirando longe o aparelho, mas o fotógrafo foi mais rápido e conseguiu impedir o prejuízo. A história, claro, até hoje circula pelas redações dos jornais.

Esse jovem político nervosinho, bem antes de se tornar prefeito, tivera outros momentos de sucesso na carreira. Chegou a ser pré-candidato de seu partido a um cargo importante. Meteu-se numa bela encrenca. Foi pego num motel com três rapazes. Ele contou uma história mirabolante, confirmada pela polícia, na época sob o comando do governo do partido adversário. O caso foi abafado a um custo alto. Sabe-se lá que acordo foi feito entre os partidos, mas o fato é que o jovem político abandonou a pré-candidatura. Acabou saindo de cena para voltar, anos depois, já casado e com família constituída. Só que agora tem uma vida dupla. Há anos tem um relacionamento firme com seu principal assessor, que, tal como ele, também tem mulher e filhos.

A DURA VIDA DOS HOMENS PÚBLICOS TRANCADOS NO ARMÁRIO

Sofia: Cá para nós, não seria muito mais bacana se esses homens públicos assumissem sua condição? Seria um bem para todo mundo. Eles acabariam servindo de exemplo para outros homens que vivem escondidos no armário. Seria uma prova de modernidade se eles saíssem à caça de votos assumindo que são gays. E quem disse que gay não tem voto? Basta ver o caso do Clodovil, que teve uma votação expressiva. E ele, corajosamente, nunca escondeu sua sexualidade.

W.: Ok, Sofia, seria ótimo. Mas que tipo de pressão esses caras não sofrem do próprio partido para não se assumirem? Imagine um político promissor, querendo ser candidato a governador, chegando para um bando de políticos conservadores e anunciando: senhores, quero ser candidato, mas vou assumir que sou gay. Que chances ele teria? Tenho certeza de que a maioria de seus correligionários diria para ele desistir. E olha que, entre seus críticos, haveria um monte de gays enrustidos.

Um caso famoso de um político já falecido ilustra bem como funciona essa patrulha moral. A história se passou na década de 1980 e ganhou tom de comédia. O tal político fez carreira no Itamaraty e decidiu entrar para a política. Os mais íntimos contam que ele gostava de sair com garotos de programa, os tais "leopardos" (afe!) da Galeria Alaska, famosa boate gay daquela época do Rio. Tal comportamento não condizia com sua elegância lapidada no Instituto Rio Branco. Muito menos com o discurso ultraconservador de seu partido. Pois bem, o político de boa fala e bons modos se tornou um deputado expressivo. Tão expressivo que as pesquisas eleitorais começaram a indicar que ele poderia ganhar a prefeitura de sua cidade caso se candidatasse. Euforia no partido, que se preparou para lançá-lo candidato em grande estilo. Começou aí o drama do político. Seus assessores recomendaram que ele se casasse porque começaram a surgir comentários de que ele era gay. E, obviamente, um candidato gay num partido de direita não daria pé. Convencido pelos assessores, o coitado resolveu passar o tal atestado de masculinidade e decidiu casar-se às pressas. Só que fez as coisas de forma meio atrapalhada. Escolheu como noiva sua empregada doméstica de anos. Ela era de confiança e estava ali, à mão. Então, por que não? Obviamente, deu tudo errado. Para começar, a mulher não era do mesmo nível social do patrão, ou melhor, do futuro marido. Como ele era muito cerimonioso, a empregada, ou melhor, a futura esposa, se acostumara a falar com ele apenas para receber instruções domésticas. E foi com esse sentimento de submissão que ela subiu ao altar. Na hora do sim, ela se saiu com a seguinte pergunta: "O senhor quer que eu faça o quê?" Espanto geral, assessores constrangidos, risos abafados. A imprensa fez a festa. Os comentários não podiam ser mais jocosos. A partir daí, a carreira dele foi pro brejo. O pobre virou motivo de piada.

Décadas antes desse vexame, um senador conservador, machão até não poder mais, também protagonizou uma cena que virou fofoca nos meios políticos e diplomáticos brasileiros. De passagem por uma embaixada brasileira, o tal senador paquerou descaradamente um ajudante de ordens, *affair* do muito "bem casado" embaixador. O anfitrião não gostou nada da história e a visita acabou na maior baixaria.

Agora, chocante mesmo foi ver a ex-prefeita Marta Suplicy, do PT de São Paulo, que durante anos defendeu a causa gay, tentando desqualificar seu oponente com base em insinuações de que ele seria homossexual. Se até a sexóloga e política liberal Marta Suplicy, durante anos identificada como defensora dos direitos individuais, se comporta dessa maneira, é possível acreditar em progressos rápidos em torno dessa questão?

Claro que mudanças começam a acontecer, ainda que de mansinho. Alguns homens públicos, aqui e ali, têm tido coragem de enfrentar o preconceito e expor publicamente suas preferências. Veja o caso do prefeito de Londres, assumidamente gay, que parece não ter perdido um milímetro sequer do respeito dos eleitores por causa disso. Mas nem precisamos ir tão longe. Até na machista sociedade nordestina brasileira, cheia de "cabra-macho, sim sinhô", alguns homens públicos estão tomando coragem para sair do armário. Dimas Santos, vice-prefeito da cidadezinha João Alfredo, no agreste pernambucano, cujo prefeito é o ex-presidente da Câmara, Severino Cavalcanti, declarou-se gay. "Não sou macho, mas sou homem", disse ele. E vamos combinar: é preciso ser muito homem mesmo para assumir a homossexualidade em terreno tão adverso.

Também em Pernambuco, um empresário de família conhecidíssima resolveu sair do armário em grande estilo. O rapaz foi casado durante anos com uma mulher. Separou-se. Anos depois, quando o pai, um dos maiores empresários locais, morreu, ele decidiu que já era hora de parar de esconder sua preferência sexual. Apresentou seu companheiro à sociedade local numa festa para mil pessoas. E em setembro de 2009 casou com seu amado com toda a pompa e circunstância. Sucesso absoluto!

Sofia: O ideal seria não precisar matar a família para assumir sua condição de gay. Mas, ainda assim, o rapaz teve coragem de se assumir, numa sociedade bastante machista.

Para quem está sob os holofotes, enfrentar o preconceito é mais difícil do que se pensa. Um conhecido advogado de uma grande instituição financeira estava dando uma entrevista a uma jornalista sobre um caso importante. Em determinado momento, ele pediu para que ela desligasse o gravador, pois precisava fazer uma revelação. Ela atendeu ao pedido achando que ele contaria alguma história escabrosa sobre o tal caso. Então, para a surpresa da jornalista, ele confessou: "Eu sou gay." E caiu num pranto convulsivo.

A jornalista, constrangida, ficou calada, esperando que ele parasse de chorar. Depois, curiosa, perguntou por que ele havia revelado aquilo. Afinal, ela não tinha nada a ver com sua sexualidade, a história que ela estava investigando tinha menos ainda e, finalmente, ambos não tinham qualquer intimidade para que ele se expusesse daquela forma. Ele explicou. Seu medo era de que seu nome saísse publicado na matéria. "Tem muita gente nesse mercado que, por vingança, pode querer me chantagear ou me humilhar depois dessa matéria, aproveitando-se do fato de eu ser gay." A moça, incrédula, perguntou-lhe se era possível isso acontecer no mercado financeiro. Ele respondeu que ela não tinha ideia de como o meio era preconceituoso.

Exagero? Pode até ser. Mas existem figuras superconhecidas e de altíssima reputação e poder de mando no mercado financeiro que são gays, mas mantêm casamentos de fachada para se proteger. Parece que, para ser respeitado no mundo das finanças, é preciso ser macho. Ou, pelo menos, parecer macho.

Sofia: Inacreditáááááááááável.

Se no globalizado mercado financeiro, com um bando de yuppies metidos a moderninhos de cabelinhos espetados, o preconceito ainda impera, o que dizer então da construção civil, setor, digamos, ainda um pouco rústico, apesar da modernidade das obras? Para muita gente, a engenharia civil ainda é atestado de masculinidade. Os engenheiros civis se consideram tão másculos que costumam fazer piada com os arquitetos dizendo que não são homens suficientes para ser engenheiros, nem bichas demais para ser decoradores. Gente, antes que os arquitetos nos atirem tijolos, vamos esclarecer. Essa piada não é nossa, nem da Sofia (se bem que até poderia ser). Quem nos contou foi um engenheiro civil muito debochado.

Agora, uma história que corre no meio é que o dono de uma respeitada construtora de prédios bacanas, ao se associar a outra construtora, teve de negar sua condição de gay. O sócio disse que não se juntava com homossexual. Bem, parece que o negócio deu certo. Um finge que é hétero, enquanto o outro finge que acredita. Afinal, negócios são negócios. Se der briga, chamem o rabino para separar.

Capítulo 9
NONA PENEIRADA

Ele e a internet

Você chegou até aqui e respirou aliviada. Seu pretendente passou incólume por oito peneiradas. Sensacional! Você não identificou, em qualquer das páginas anteriores, nada que o ligasse ao mundo gay. Pode ser que, em um ou outro capítulo, tenha notado algum comportamento que o colocaria na condição de suspeito. Mas, como nós mesmas já alertamos, apenas um ou outro sinal aparente não pode comprometer todo o histórico de masculinidade do rapaz. Afinal, que mulher não gosta de um toque de sofisticação, de elegância, de delicadeza, de refinamento e de sensibilidade em um homem? Portanto, nada de achar que o cara que gosta de poesia, música clássica, filosofia e arte é gay. Nananão. Beleza, inteligência e bom gosto não são exclusividade dos homossexuais. Nada mais maravilhoso do que um hétero sensível, que entende as nossas angústias, que nos coloca no colo e nos lê um poema de amor. Ainda que faça isso muito raramente, já é uma felicidade sem-fim.

Uma estudante de psicologia nos descreveu, entusiasmada, seu marido, um jovem economista alemão.

"Gente, ele é o máximo. Lê poesia, toca piano, se interessa por filosofia e é muito carinhoso. Ai, ele é tão maravilhoso que parece gay."

Portanto, se o seu gaydar não identificou maiores extravagâncias no rapaz, siga adiante. Você pode ter um tesouro nas mãos como o da nossa felicíssima estudante, hoje morando na Alemanha, com seu bem-amado e romântico economista, decididamente hétero.

Mas voltemos ao nosso tema central, que é ajudá-la a identificar não o hétero sensível, mas o gay encolhidinho no armário. Falaremos agora de uma perigosíssima armadilha que exige atenção redobrada das mulheres: a internet. É lá que muitos suspeitos que escaparam dos furinhos e furões da nossa peneira põem a carinha de fora. Bem, às vezes não é exatamente a carinha. Mas, disso, trataremos ao final do capítulo.

Você conheceu aquele homem interessante, durante um almoço de negócios. Ficou simplesmente fascinada com sua inteligência, seu bom humor e descontração. Sabe das enormes dificuldades que terá para se aproximar. Afinal, estamos cansadas de saber que misturar negócios com amor é nitroglicerina pura. E você ainda pode sair bastante chamuscada dessa situação: sem amor e ainda correndo o risco de ficar exposta no ambiente de trabalho. O que as pessoas diriam dessa profissional séria como você? Mesmo que você não se importe com isso, ainda assim, dar o primeiro passo não é nada fácil. Provavelmente, sua primeira atitude após esse encontro surpreendente será investigar o rapaz. Hoje em dia, isso é muito simples. Você dá uma googlada, não é? Então descobre que ele faz parte de um site de relacionamento e vai atrás do perfil de seu alvo.

Algumas mulheres mais desconfiadas já diriam, de cara, que homem com Orkut ou Facebook, "hum, não sei não...". Mas você, moderna e ligada nas novas tecnologias, não vê nada demais nisso. Ao contrário, vai correndo investigar todos os detalhes da vida dele. Sua primeira preocupação certamente será: Ele é casado? Tem filhos? Na busca de informações, você percebe, pelo tal site de relacionamento, que o moço dá uma ficha muito detalhada de si mesmo. A tal ponto de você achá-lo, digamos, um pouco exibicionista ou narcisista demais. Ele revela para meio mundo que tipo de livro está lendo, qual esporte pratica, qual música ouve, quais programas gosta de fazer. Vamos lá, por que as pessoas teriam interesse em saber esses detalhes da sua vida? Mas você é compreensiva. Entende que ele quer compartilhar suas preferências com os demais. Indo um pouco mais adiante, sente-se um tantinho constrangida ao descobrir que ele usa aquelas frases cafonérrimas para se autodefinir. Coisas do tipo: "Viva e deixe viver", ou "A vida é a arte do encontro", ou "A vida é feita de momentos". Péssimo, querida, péssimo. E o pior é que, ainda assim, você não desistiu do cara. Realmente, o amor é cego. Ou é a carência que nos tira a visão?

Decidida, você segue para a galeria de fotos. E o que encontra? O tal rapaz fazendo pose com seu cão, com seus amigos, com suas amigas, com sua moto, seu carrão, na Torre Eiffel, ou em alguma praia na Austrália. Lá está ele, sentado na areia, de sunga, com a barriga sarada à mostra. Ai, que horror!!! Você achou lindo? Continua achando que esse cara não é, pelo menos, um tremendo brega? Ok, se você engoliu essa, é porque o sentimento é mesmo forte. Antes que você diga que no peito dos cafonas também bate um coração, ouça o que Sofia tem a dizer.

Sofia: Olha só, deixa eu colocar o dedo na ferida, ou jogar um balde de água fria nas suas expectativas, ou, para sermos francas, deixa eu sacudir você muito até acordar, sua tolinha. Vem cá, será que você não parou para pensar que homem que posa no Orkut ou no Facebook de sunga para meio mundo vê-lo e admirá-lo tem toda a pinta de ser... gay?

Vejam a história de Gisela, uma bem-afamada fotógrafa de moda.

Divorciada, duas filhas, 42 anos, ela conheceu Paulo Henrique num voo Nova York–Rio. Sentaram-se lado a lado, na classe executiva. Paulo Henrique, segundo ela, era um gato. Alto, moreno, sarado, bronzeado, olhos verdes. Tudo de bom. E ela, independente, não tinha nada a perder. Insinuou-se para ele, que prontamente correspondeu com uma abordagem agressiva. Quando as luzes da cabine se apagaram, eles reproduziram ali mesmo uma versão moderna de Emanuelle. Foram quase aos finalmentes.

Na chegada ao Brasil, ela desceu no Rio de Janeiro e ele seguiu até São Paulo. Trocaram e-mails e telefones, e combinaram de se ver em São Paulo. Adepta recente do Facebook, assim que teve acesso a seu computador, Gisela foi direto pesquisar Paulo Henrique. Encontrou de primeira. Lá estava ele, numa foto, de peito aberto para o gol.

Peito raspado, vale ressaltar. Morenão, saradão, de sunga, barriga de tanquinho.

Nas outras fotos do perfil (eram três), também aparecia de sunga, sempre com o corpão à mostra, no meio de um time de beldades. Estranhou. Hummmmm. Voltou às informações do perfil para aprofundar a pesquisa sobre o cara. Ele era fã das marcas Versace, Marc Jacobs e Dolce & Gabbana. Mas não era possível, eles tinham dado o maior amasso no avião!!!

Ligou correndo para a melhor amiga e contou tudo o que viu. A resposta do outro lado da linha não foi animadora:

"Barriga de fora e fã de marcas? Esse cara é um cafona!", sentenciou a amiga.

Sofia: Ai, que amiga distraída! Cafona não, querida, gay! G-A-Y. Não se iluda: barriga de fora, dando corda para várias mulheres e sem nenhuma? Esse cara é gay. Que ingenuidade...

Pedimos a Sofia que deixasse a impaciência de lado — afinal por onde andava sua recém-adquirida espiritualidade? —, e refletisse um pouco mais antes de chegar àquela conclusão tão radical. Afinal, havia uma coisa que não se encaixava na história. Por que o cara a agarrara se era gay? Foi essa a pergunta que Gisela nos fez e era isso que queríamos que Sofia explicasse, deixando de lado o preconceito com a hiperexposição (e cafonice) do rapaz. Eis seu veredicto:

Sofia: Gisela, querida, pode haver três motivos para ele tê-la agarrado em pleno voo. Primeiro: tem pavor de avião. Nessas horas, vale tudo. Até mulher, se for o que estiver do lado. Ele deve ter-se sentido seguro colado em você. Ainda mais que contaram que vocês saíram de Nova York debaixo de uma nevasca. A outra razão é que ele pode achar que é bissexual, como um monte de homens que andam por aí. Casados, inclusive. O terceiro, é que, no escuro, para muita gente, contrariando o que dizia Tim Maia, vale sim, dançar homem com homem e mulher com mulher. Ou seja, o cara queria ter prazer, não importava com que sexo fosse.

No fim das contas, Gisela não teve como tirar a prova. Quando foi a São Paulo, conforme haviam combinado, ligou para Paulo Henrique. Também enviou um e-mail. Ele não respondeu a nenhum dos dois. Depois, falando sobre ele com duas executivas paulistas, ouviu uma resposta que a fez desistir definitivamente do rapaz. Ele nunca, em tempo algum, fora visto namorando. Costuma sair com muitas amigas e amigos. Namorada, neca.

W.: Vou provocar Sofia novamente. É claro que, provavelmente, um hétero de verdade não deixaria essa mulher escapar, principalmente porque eles não foram aos finalmentes. Acho que o comportamento natural masculino nessa hora seria ter um novo encontro com ela para concluir o que haviam começado no avião. Afinal, rolou um tesão forte, né? Mas sempre tem um porém. Antes de sentenciarmos que o cara é gay (tá certo que a foto de sunga na internet pesa contra ele), eu deixo a seguinte pergunta: e se o cara não gostou do amasso e resolveu parar por ali? Sei lá, pode acontecer, não pode? Não podemos descartar essa possibilidade.

Sofia: Ai, W., acho que você quer me contrariar. Duvido que algum homem de verdade perca a oportunidade de saber qual é a dessa mulher. Ainda que depois da transa ele realmente pule fora. O que eu acho é que esse cara está fugindo de mulher.

Homem casado, com filhos, bem de vida, procura... homens casados

Nos sites de relacionamento, é até possível confundir um exibicionista com um gay. Sim, ao contrário de Sofia, acreditamos que nem todo narciso é necessariamente um gay escondido no armário (e também nem todo gay é necessariamente um exibicionista). Narcisismo, certamente, é muito mais uma característica de personalidade do que de opção sexual (embora, nossos amigos gays que nos perdoem, ela seja mais exacerbada no universo homossexual masculino). É preciso, portanto, ter cuidado na interpretação dessas evidências. Às vezes, um homem de sunga no Facebook que se declara fã de marcas e despeja frases feitas pode ser apenas um cafona, conforme a conclusão imediata da amiga de Gisela. A coisa muda de figura, porém, quando essas pequenas sutilezas para olhares treinados passam para a evidência escancarada.

Quando buscávamos informações para esse guia, deparamos com o maior armário de gays enrustidos que poderíamos encontrar. Está lá, aberto na rede, para quem quiser ver. Trata-se do site de relacionamento disponivel.com. Ali não há espaço para dúvidas sobre se o cara é gay ou se está apenas exercendo o seu lado exibicionista, ou, quem sabe, cafona. Quem nos deu a dica foi um homossexual assumido, que já saiu com vários homens que se dizem heterossexuais.

Entramos no site e nos surpreendemos com o que encontramos. Uma quantidade absurda de homens que se dizem casados, ou noivos, ou namorando firme com mulheres, em busca de relacionamento com outros homens. No disponivel.com tem de tudo: jovens, maduros, pais de família e até avôs. Ricos, remediados, classe média. Sarados, barrigudos, pelados, bigodudos, carecas, cabeludos. Economistas, engenheiros, militares, policiais, bombeiros, advogados, executivos. Moradores da Zona Sul, Zona Norte, subúrbios do Rio de Janeiro e de cidades do Brasil afora. É macho que não acaba mais, do Oiapoque ao Chuí: todos atrás de outros "machos como eles". A maioria, claro, não está com a carinha, mas com o corpo (barrigão de chope e tudo) e, principalmente, com o piu-piu à mostra.

O mais curioso é que eles não põem em dúvida sua sexualidade. São "machos, viris, com relacionamentos estáveis com mulheres". Apesar disso, querem se relacionar, vejam bem, não com "bichinhas", nem com "viados", como se referem aos homossexuais, mas com machos como eles, de preferência também casados. O que é iiiiiiiiiiiiiiisso?

O primeiro exemplar desse macho que colhemos no disponivel.com nos chamou atenção por usar a palavra macho em seu codinome. Ele se identifica como André Macho do Leblon. E dá a sua ficha: Empresário, 1,79cm, 80kg, CASADO. Apresenta-se como bissexual versátil. Nada demais no tipo físico, ele admite, a não ser o pênis, que ele jura ser grande. Diz-se à procura de um ativo versátil. AFE!

Quero machos sem vergonha e muito discretos que curtam uma foda legal com muita sacanagem e putaria. Não precisa ser sarado nem bonito. Procuro caras normais que tenham atitude de homem. Gosto de praia, sol e malhação. Sou um homem normal. Malho diariamente, prezo muito a minha saúde e o meu bem-estar. Tenho um corpo normal, gosto de praia e de jogar futevôlei com os amigos. Dizem que sou um homem bonito e interessante. Me cuido bem, sou homem macho, sem vergonha, sem frescuras e gosto mesmo é de foder com machos iguais. Topo qualquer parada em sexo, mas tem que ser benfeito e com tesão. Não curto sexo bizarro, sadomasoquismo ou drogas. Sou homem querendo conhecer homem. Apenas para sexo, sexo grupal, outras atividades. Com no mínimo 20 e no máximo 50 anos.

Cauteloso, nosso "machão" casado não colocou fotos de si mesmo. Mas, pelas fotos de seus preferidos, já deu pra ver mesmo do que ele gosta.

Sofia: Bem, pela autoavaliação desse macho do Leblon, nosso conceito sobre masculinidade tem que ser totalmente revisto. Vejo essas fotos de homens deitando e rolando com iguais, e que se acreditam machos, quando não se afirmam héteros, e me pergunto: será que eles acham que ser homem é isso? Gente, que maluquice é essa? Imagina se todos os homens passarem a pensar como a ele?

Para o desespero de Sofia, selecionamos mais alguns casos de machos como o André do Leblon.

ELE E A INTERNET

> *Sou muito discreto. Não frequento ambientes gays. Sou bissexual. Tenho mulher e filhos, mas preciso ter relação com alguém do mesmo sexo. Claro que tudo isso muito sigilosamente. Sexo sempre seguro e muito discreto. Sou ativo.*

Este outro também não quer saber de gay:

> *Gostaria de alguém com mais ou menos meu perfil. Não curto pessoas afetadas nem gays declarados. Não tenho nada contra, mas tenho que preservar a condição social que escolhi para viver.*

Outro brincou com a fantasia de masculinidade que durante anos povoou a cabecinha de muitas moçoilas: a do militar viril. Ah, esse também adora ir ao Maracanã ver o Mengão jogar. Em síntese, nem a turma do futebol e do quartel está a salvo.

> *Grisalho, estilo militar, musculoso. Bissexual ativo. Gosto de ler, viajar, jogar futebol. E ir ao Maraca ver meu Mengão. Filmes: O piano; Ensina-me a viver; Brokeback Mountain; A segunda pele.*

Este outro aqui ostenta orgulhosamente o fato de ser casado, notem bem, COM MULHER, e ser pai de família. Também não quer saber de gay:

> *Casado com mulher. Boa aparência. Macho. Peludo. Cheiroso. Safado. Muito discreto. Um sujeito maneiro. Sem neuras. Bem-humorado. Amigão de quem eu gosto. Paizão. Distante do meio GLS. Com jeito, voz e comportamento de homem. Eu me amarro numa sacanagem com outro macho. Os ativos como eu, para sexo sem penetração, também podem entrar em contato (o resto é festa). Tenho MSN e webcam para comprovar as fotos recentes antes de um possível encontro. Mas não curto ficar teclando nem putaria virtual.*

Sofia: Ai. Socooooooooooooooooorro! Acho que estou passando mal. Me abana, me sacode, que isso é demais para mim. Esses enrustidos todos se dizem machos??????? E ainda falam mal dos gays?

O pior é que, como nos contou um amigo gay, muitos desses machões trocam essas mensagens "viris" enquanto suas mulheres estão na sala vendo tevê, preparando jantarzinho para eles, pondo as crianças para dormir.

Sofia: Elas, crentes que os maridos estão pesquisando coisas importantes na internet e eles lá, na maior sacanagem, para usar um termo dos "pseudomachões". Será que o "enviado" do Edu também veio pela internet? Isso é uma tremenda covardia com as mulheres.

Covardia, Sofia, é a história que vamos contar agora. Covardia em dose dupla!

Fernando conheceu um cara no Orkut e marcaram um encontro no Centro da cidade. Papo vai, papo vem, o sujeito revela que se interessava por homens mais velhos. Por muitos anos, mantivera um caso com o sogro (!!!), e quando ele morreu separou-se da mulher.

Sofia: Meu Deus, e eu aqui pensando que não poderia ter-me acontecido nada pior. Que horror!

Certa vez, um gay amigo nosso foi jantar na casa de um casal amigo. Ele ficou batendo papo na cozinha com a mulher, enquanto ela preparava o jantar. Quando ficou pronto, ela lhe pediu que chamasse o marido. Enquanto isso, levaria os pratos e o vinho para a mesa.

Nosso amigo entrou de repente no escritório, a tempo de ver na tela do computador um tremendo piu-piu à mostra.

"O cara estava na maior sacanagem com outros homens", contou. "Quando ele me viu, disse que era brincadeira. Que queria me provocar. Ahã, sei. Não falei nada e só disse que a Estela o estava chamando para jantar. Me deu muita vontade de contar para ela, mas achei melhor calar a boca. Eles que se entendam. Talvez, em algum momento, isso venha à tona. Só sinto porque sei que ela vai sofrer demais."

A internet, na avaliação dos próprios homossexuais, encorajou muitos gays enrustidos a procurar parceiros na rede. Homens que morriam de desejo de se encontrar com outros homens. Mino, um gay assumido de 33 anos, nos contou que até os 23 só namorava mulheres. A porta de entrada foi a internet. Durante um ano, ele frequentou as salas de bate-papo gay. Eram horas de conversas eróticas e, às vezes românticas, ou simples trocas de ideias, até tomar coragem para marcar um primeiro encontro. Depois disso, nunca mais parou de sair com homens.

Capítulo 10

DÉCIMA PENEIRADA

"Telma, eu não sou gay." Bissexualismo masculino existe? E ex-gay?

Chegamos ao capítulo mais polêmico do nosso manual: bissexualismo. Seu amado emperrou em todas as peneiradas e, você, desesperada, conclui, diante de tantas evidências, que ele é gay. Quando você o imprensa contra a parede, ele lança mão de um argumento usado por muitos homens que se relacionam com ambos os sexos: "Telma, eu não sou gay. Eu sou bissexual."

E agora, Telma?

Essa é uma questão que vem sendo discutida há séculos por filósofos, psicanalistas, cientistas, religiosos e, mais recentemente, por geneticistas. Afinal, bissexualidade existe? Ou é somente uma desculpa para o homem que não tem coragem de assumir sua verdadeira preferência?

Sigmund Freud, no começo do século passado, afirmava que todo ser humano é bissexual. O mesmo dizia o sexólogo Alfred Kinsen, em suas pesquisas dos anos 1940. Ele afirmou que muitos homens casados, publicamente declarados heterossexuais, assumiram ter feito sexo com outros homens. Já no século XXI, alguns cientistas andam questionando a bissexualidade masculina. Não seremos nós, obviamente, a fechar questão sobre um tema tão controverso, embora Sofia já tenha sua tese pronta: para ela, "esse negócio de bissexualidade é pura balela de gay que não quer sair do armário".

Deixaremos que vocês, queridas leitoras, após analisar todos os argumentos que serão aqui apresentados, cheguem às suas próprias conclusões. Ou, como nós, não cheguem a nenhuma.

Bissexual ou mentiroso?

Em 2005, um grupo de cientistas da Northwestern University, de Chicago, e do Center of Addiction and Mental Health, de Toronto, com base em experiências fisiológicas com homens que se autointitulavam heterossexuais, homossexuais e bissexuais, concluiu que a bissexualidade não existe — pelo menos a masculina. Esta foi a primeira pesquisa de orientação sexual baseada em reações fisiológicas dos entrevistados. As conclusões do estudo chamaram a atenção da mídia, inclusive do *The New York Times*, que fez uma ampla reportagem intitulada "Hetero, gay ou mentiroso? A bissexualidade revisitada".

Sentados sozinhos no laboratório, os voluntários assistiram a filmes eróticos; alguns envolvendo apenas mulheres e, outros, apenas homens. Usando um sensor de monitoramento de excitação sexual, os pesquisadores descobriram o que já imaginavam: os gays excitavam-se com imagens de homens. Os heterossexuais só se excitavam com imagens femininas. Já os que se declararam bissexuais não tinham padrão de excitação consistente com sua alegada atração por ambos os sexos. Ao contrário. Cerca de 75% tiveram padrões de excitação idênticos aos daqueles que se declararam gays. Os outros 25% tiveram comportamento idêntico aos dos declarados heterossexuais, só se excitando com imagens de mulheres.

O doutor Michael Bailay, orientador da pesquisa, explica:

> *O comportamento bissexual masculino certamente existe, mas os estudos sugerem que a orientação bissexual, que seria a preferência sexual por homens e mulheres, não está presente nos homens. Se existe em alguns homens, é certamente muito rara e nós não a identificamos.*

Para ele, alguns homens se dizem bissexuais por ser mais fácil do que admitir que são gays. Outros consideram a bissexualidade algum tipo de realização e se orgulham de balançar pelos dois lados.

"TELMA, EU NÃO SOU GAY."

Antônio Aphonso, herdeiro de uma das mais ricas famílias paulistanas, que já se intitulou bissexual, afirma não ter dúvidas de que o bissexualismo existe.

Eu mesmo já gostei dos dois, mas agora estou mais dedicado ao lado gay. Acredito que 90% dos que se dizem bi falam para disfarçar, e apenas 10% são de fato bissexuais. Saem com mulheres para desfilar, para chamar a atenção de outros homens. Em geral, são casados. Muitos vivem com a mulher e passam os finais de semana com os namorados. Acho que eles nem escondem da mulher. Na adolescência, eu já tive namoradas que curti, mas, agora, com 58 anos, eu já sei do que gosto.

Para o doutor Fritz Klein, pesquisador e autor do livro *A opção bissexual*, a técnica usada no estudo de Bailay é muito crua. Segundo ele, apenas a excitação genital não capta a riqueza de sensações eróticas, como afeição e admiração. "Interesse social e emocional são elementos muito importantes na atração bissexual", declarou ele ao *New York Times*.

Rafael, um homem lindo e muito bem resolvido, que transita com a mesma naturalidade em relações hétero e homossexuais, parece encaixar-se como uma luva na teoria de Klein:

"Bissexualidade não é para qualquer um; é uma facilidade que eu tenho. O que me rege é o meu tesão por aquela pessoa, não importa o gênero. É uma coisa que rola com aquele ser. Ou alguém se apaixona por um pau grande ou um peito pequeno?", questiona.

Rafael tem uma filha adolescente e agora está novamente casado com uma mulher, depois de uma longa relação com outro homem.

Para esse "gay puro", como Rafael classifica seu ex-parceiro, a bissexualidade é algo incompreensível.

"Ele não entende. Nem outros amigos gays que deixaram de falar comigo depois que casei com Sílvia. Mas, ao contrário de mim, esse meu ex 100 por cento homossexual não conseguia exercer totalmente sua afetividade. Era travadão e me censurava quando eu tinha um gesto de carinho em público", lembra.

Sofia: Queria lembrar ao Dr. Klein que não é só interesse emocional e social que contam. Dinheiro, fama e poder são fortes atrativos para qualquer orientação sexual. Isso não é exclusividade de bissexual, se é que essa tal orientação existe.

W.: Ih, começou...

Demétrio, publicitário, desde os 12 anos percebeu que era diferente. Apaixona-se por mulheres, mas tem tesão por seus iguais. Como só se satisfaz sexualmente com homens, seus relacionamentos com o sexo oposto duram, no máximo, três meses.

> *Com elas, gosto de arrumar a casa, fazer almoço, ver televisão abraçado. Se uma mulher que está comigo fizer isso com outro homem, morro de ciúmes. O mesmo não acontece se ela transar com um cara. Já com homem, sinto ciúme se ele fizer sexo com outro.*

Com sua última namorada, 12 anos mais velha, Demétrio viveu uma situação estressante. Os dois estavam no sofá ouvindo música e ela propôs irem para a cama. Ele disse preferir ficar ali, sem transar. Ela ameaçou arrumar um amante. "Respondi que assim seria ótimo, porque eu ficaria com a melhor parte dela." O publicitário não esconde das namoradas que tem necessidade física de sexo com homens. "O problema é quando elas tentam me convencer do contrário."

Por causa dessa ambiguidade, Demétrio considerava-se bissexual. Hoje, afirma ser um gay que gosta de se relacionar com mulheres. Chegou a essa conclusão após ter-se envolvido emocionalmente com um amigo. "Com ele, consegui unir sexo e sentimento. Só não ficamos juntos porque ele também gosta de mulheres."

Sofia: Vocês estão vendo como eu tenho razão? Bastou Demétrio se apaixonar por outro homem para desistir dessa história de bissexualidade e confirmar sua vocação para gay. Esse negócio de só gostar de fazer comidinha e ver filminho agarradinho, cá pra nós, é coisa de menino querendo brincar de casinha.

Ainda que essas novas pesquisas neguem a bissexualidade masculina, uma rápida passada de olhos pela internet mostrará que há uma gigantesca comunidade que assegura ser bi. Nos Estados Unidos, não só existem centros de estudo sobre bissexualidade, como associações com bandeira e símbolos — dois triângulos invertidos nas cores azul e rosa —, publicações e até mesmo músicas voltadas a esse público. Quem se interessar pode acessar a interminável lista com nomes de personalidades que se consideram bi e também daqueles que foram incluídos no bolo, muitos dos quais não estão mais entre nós para contestar.

São citados, por exemplo, os atores Marlon Brando e Richard Burton, a escritora Virginia Woolf e o compositor Leonard Bernstein. E a comunidade é atenta. Tem até um site diário para acompanhar o tratamento que a mídia dá ao assunto. O *The New York Times* chegou a ser considerado bifóbico, um neologismo para definir os que rejeitam os bi, por causa da reportagem sobre a pesquisa da Northwestern University e do Center of Addiction and Mental Health.

Se há os que se orgulham em anunciar para o mundo sua orientação sexual, outros fogem dos rótulos. É o caso do internauta de codinome Aloha Malayano, que ainda não chegou a qualquer conclusão sobre sua sexualidade, mas aprendeu a conviver com isso.

> *Minha primeira grande paixão foi por uma mulher. Só existia ela em minha vida, só ela me despertava prazer. Mas não deu certo, vivíamos em mundos diferentes, éramos muito novos e a família dela arrumou um bom marido. Até aí, eu achava que era heterossexual. Então comecei a me interessar por um rapaz. Mergulhei no mundo do armário, lutei contra o sentimento. Outras vezes aceitava e tentava... mas não conseguia, não conseguia fazer nada realmente físico com o cara. Havia certa tensão sexual entre nós, mas não sentimento. Nessa época, eu achava que era gay. Apareceu uma menina maravilhosa que mexeu com minha vida e meu coração. E também apareceu outro rapaz, também maravilhoso, e nos dávamos muito bem, embora não tenha conseguido nada com nenhum deles. Então passei a achar que era bissexual. Se eu assisto a muitos filmes pornôs héteros, logo enjoo e corro para filmes gays. Só que aí eu também enjoo e volto pros héteros. Nunca consegui me decidir. Adoro tanto sexo com mulher quanto com homem. Passei um tempão sozinho, só observando os outros. Observando héteros, observando gays (tanto assumidos quanto enrustidos), descobri uma coisa que*

"TELMA, EU NÃO SOU GAY."

me horrorizou: que não existe amor nas relações, apenas sexo. E eu não quero isso!!! Hoje não quero rótulo nenhum pra mim. Vou seguir meu coração e ser sincero com as pessoas com quem me envolvo. E só. Quero qualidade, e não quantidade. Também não quero ser compreendido; quero apenas amar e viver o amor. O sexo será consequência. Seja com uma menina, seja com um menino. E o mundo ache o que quiser achar e me rotule como bem entender. O importante é eu ser feliz e quem estiver comigo também. Não sei se conseguirei, mas nunca desistirei.

Querido Aloha, parece que sua opção é a mesma de Rafael. Nós o conhecemos, e podemos garantir que sua bissexualidade é muito bem resolvida. Para ele, o importante é o amor, o tesão. E pronto!

Vida louca, louca vida

O problema é a vida dupla. Esta, sim, é cheia de obstáculos. Quem opta por ela tem que se equilibrar na corda bamba. Como o macho cubano, que dividiu sua volúpia entre nosso querido Antônio Aphonso e sua irmã, Margareth. A saia-justa aconteceu em Fireland, Long Island, onde Aphonso alugava uma casa. Era uma comunidade basicamente gay, frequentada também por modelos.

Minha irmã veio passar férias comigo e conheceu esse tal cubano bonitão, morenão, cheio da lábia, cheio de tudo, com quem eu tivera um casinho. Ele já tinha ido lá em casa, mas nunca me vira com a Margareth. Durante uns quatro dias, fiquei fora. Nesse período, ele circulou com minha irmã pra cima e pra baixo. Ela, jovenzinha e empolgadíssima. Uma noite ele foi deixá-la em casa e deu de cara comigo. Quase caiu duro quando soube que éramos irmãos.

Um caso mais tenso ocorreu com um cinegrafista francês que mora no Rio (o cara da Sétima Peneirada). Ele nos contou que seus relacionamentos com homens casados geralmente não passam do primeiro encontro. Certa vez, ele conheceu um cara pela internet e marcou um encontro em seu apartamento.

Quando abri a porta, dei de cara com o marido de uma conhecida minha. O cara ficou branco, deu mil explicações, jurou que era só uma brincadeira, que queria ver qual era a do site. Depois, admitiu que estava pensando em experimentar. Ele quis ir embora na mesma hora, mas eu falei pra ele entrar e tomar um café. Dessa vez, não aconteceu nada, até porque ele estava muito nervoso. Já da outra vez...

Sofia: Agora me veio à cabeça que esse tipo de tensão é a mesma pela qual passa um heterossexual ao trair a mulher.

Ao que parece, Sofia, esses casos são ainda mais complicados. O constrangimento do bissexual não assumido (ou gay enrustido), ao ser descoberto, é muito maior do que o de ser pego com uma mulher. A sociedade até tolera traição entre sexos opostos. Mas o bi vai logo sendo tachado de "viado nojento" e de outros adjetivos nada lisonjeiros. Talvez por isso eles tenham tanto medo de se envolver de verdade com outros homens.

Marcão, um gay que já foi casado e tem uma filha adulta, relata histórias do arco da velha. Selecionamos algumas, de diferentes perfis,

"TELMA, EU NÃO SOU GAY."

só para dar uma ideia da biodiversidade que pode ser encontrada pelos armários da cidade.

> *Há uns vinte anos, vi um conhecido gentleman da alta sociedade carioca, hoje falecido, entrando num dos primeiros hotéis a aceitar casais homossexuais da rua Gomes Freire. Eu, que estava na barbearia em frente, fiquei pasmo. Foi aí que o barbeiro esclareceu que era exatamente quem eu estava pensando. Contou que havia dias em que ele entrava mais de uma vez no hotel, com homens diferentes. Era um senhor, frequentador de colunas sociais, que chegou a comemorar as bodas de ouro com a mulher, filhos e netos, com festão no Copacabana Palace.*

Marcão é da tribo dos "ursos" (peludos e gordinhos), que frequenta a praia em frente ao hotel Copacabana Palace. Um sábado à tarde, no shopping Rio Sul, nosso ursinho conheceu um cara casado, aliança grossa de ouro no anelar esquerdo, fotos dos filhos na carteira e todo o pacote marido-feliz. Os dois se sentaram, bateram papo, mas o pai de família ficou decepcionadíssimo quando soube que Marcão só estava interessado em sacanagem. Considerou-o intransigente. Sua intenção era ter um namoro sério. Argumentou que levara muito bem, por oito anos, durante o casamento, um relacionamento com outro homem.

"Porém, o mais comum é eles dizerem que aquela é a primeira vez, que nem sabem por que estão fazendo aquilo", revela. "Há muitos anos, conheci um caixa de banco por quem me interessei. Sempre dava preferência àquele caixa. Finalmente, depois de muita conversa por trás do vidro, marcamos um primeiro encontro. Ele disse que tinha namorada, e veio com aquela mesma história da primeira vez. No dia seguinte ao encontro, liguei para saber como ele estava e ele se mostrou constrangido e arrependido. Disse que gostava mesmo de mulher, embora não tenha sido isso que demonstrara na noite anterior. Quatro anos depois, me ligou aparentando estar mais bem resolvido em relação à sua preferência sexual. Engano. Vinte anos passados do nosso primeiro encontro, o máximo que ele assume é sua bissexualidade", contou Marcão.

Outro caso de Marcão foi um policial civil, daquele tipo que joga bola, cospe no chão, vai a pagode e é ciumento. O machão, recém-separado da mulher, na cama era um passivão. Os dois só não ficaram juntos mais tempo porque o ursinho não suportou seu ciúme doentio.

Também aconteceu de Marcão marcar um grupo de estudo na casa de uma colega da pós-graduação e dar de cara com um homem com quem transara algumas vezes anos antes. O cara era ninguém menos que o pai da colega. Marcão fingiu que não o conhecia, claro, mas foi a maior saia-justa.

Para encerrar, Marcão lembra a entrevista de um taxista ao Jô Soares. Entre as histórias inusitadas que colecionou no seu tempo de praça, ele contou a de uma senhora muito distinta que tomou seu táxi aos prantos na avenida Vieira Souto. Quando ele perguntou para onde iriam, ela respondeu que pouco importava, só queria sair dali. Vendo que se tratava de uma situação dramática, perguntou se poderia ajudar. Aí ela desabafou. A senhora tinha ido ao cabeleireiro e, por algum motivo, teve de voltar em casa. Quando entrou no quarto, encontrou seu segundo marido e seu filho, enteado deste, nus, na cama.

Perguntamos ao nosso informante que nos recomendou o disponivel.com.br o que ele achava de tantos homens casados se apresentarem no site como bissexuais e até mesmo como heterossexuais procurando por machos. Por que um homem que procura outro homem acredita ser heterossexual? Vejam sua avaliação:

> *Acho que é falta de conhecimento da sua real situação. Eu, particularmente, acho que são todos homossexuais. Vejo a bissexualidade como falta de oportunidade ou de coragem de ser homossexual.*

Hercílio, outro amigo assumidamente gay, contou-nos sobre um caso caliente com um homem casado de quem ele nada sabe.

> *Ele me liga para marcar encontros em lugares determinados por ele. Não tenho nenhum contato seu. Mas a transa é sensacional. O problema é que o cara tem um enorme drama de consciência. Casado, com um filho pequeno, morre de medo que a mulher descubra. É uma transa puramente física, sem qualquer envolvimento. Ele nunca me deixou beijá-lo na boca. Agora anda sumido. Mas, se me ligar, vou na mesma hora.*

Segundo nossos amigos gays, a preferência dos "héteros" casados é serem passivos. Eles se fazem de machões, mas na hora da cama querem ser penetrados.

Lourenço, um designer carioca, descreve um desses machões casados que acabou entre seus lençóis.

"Ele tem até tatuagem de mulher gostosa no braço. Vai a jogos de futebol, xinga o juiz, luta jiu-jítsu e sai com amigos para chopada. Mas, sexualmente, é totalmente passivo", revelou. Numa das transas, Lourenço perguntou por que o cara era todo cheio de frescura, não queria beijar, não queria intimidade. "Sabe o que ele respondeu? Que não gostava de homem." Lourenço retrucou, indignado: "Como não gosta de homem, cara? Então o que você está fazendo aqui comigo?" E ele: "A minha tara é por pau."

Sofia: Ah, então, tá. Para esse sujeito, a transa com gay, por ser puramente física, não faz dele um gay também. Ele só se consideraria homossexual se rolasse envolvimento emocional.

Já que entramos no complexo terreno das emoções, vamos até o consultório de outra experiente psicanalista, com muitas histórias desse tipo de conflito em seu divã. Os casos mais comuns são daqueles homens que relutam em aceitar sua homossexualidade.

> *Eles chegam com a esperança de que eu diga que não são gays, que esse comportamento é normal. É um sofrimento para eles admitir o desejo por outros homens, mas, quando finalmente admitem, é um alívio. Começa então outra parte dolorosa do processo de aceitação: assumir ou não publicamente a sua opção.*

Geralmente a crise se dá quando eles estão por volta dos 40 anos e começam a questionar se vão passar o resto da vida fingindo ser o que não são. O drama maior é para os que têm filhos. "Se já é difícil assumir para a mulher, que dirá para os filhos. Principalmente quando são meninos ou rapazes, já que eles temem influenciar suas escolhas", diz a analista. Ela explica que esses homens não descobrem sua preferência de uma hora para a outra. A desconfiança costuma começar na adolescência. Um dos relatos mais comuns é de que não se sentiam confortáveis namorando meninas. Adultos, quando não assumidos, a grande aflição ocorre no ambiente de trabalho. É como se a homossexualidade deles fosse visível a todos. "Tive um paciente que fantasiava que todo mundo no trabalho parava para comentar sobre sua homossexualidade quando ele atravessava o escritório. O horror era tamanho que ele preferia fazer as reuniões na própria sala."

Outro paciente, de 42 anos, embora tenha concluído ser homossexual, optou por manter o casamento na esperança de se "recuperar". No divã, ele levantava dúvidas do tipo: "Pode ser que eu seja bi." Sua maior tristeza era abrir mão da família. "Ele sentia muita culpa. Sempre idealizou um lar perfeito."

Sofia: Meu Deus, nunca pensei que fosse tão dramático. Já estou até ficando com pena do Eduardo. Imagino o que ele passou até tomar essa decisão.

A vida construída sobre mentiras é cercada de angústia. Esses homens vivem permanentemente acossados pelo medo de ter seu segredo revelado. Foi o caso de um médico casado que também paquerou Hercílio, numa livraria em São Paulo.

> *Ele ficou me encarando e, quando saí, veio atrás. Fomos para o seu carro e começamos a nos pegar ali mesmo. Ele estava tenso, não parava de olhar o relógio. De repente, parou tudo e disse que tinha de ir embora porque a mulher o estava esperando. Deu-me o telefone, mas não conseguimos nos encontrar. Ele morre de medo de que ela*

descubra. Que vida horrorosa! Um cara jovem, lindo, profissional e rico. É uma tensão constante. Ele não sabe explicar por que casou. Jura que ama a mulher, embora se sinta muito infeliz.

Uma característica comum entre os casados que se relacionam com homens é serem bons nos disfarces.

"Domingo à tarde desaparecem e voltam meia hora depois. O sexo é feito de forma maquinal. Costumam aparecer nos chats gays durante a semana, no horário de trabalho, quando sabem que as mulheres não vão procurá-los", revela Hercílio, com sua vasta experiência com homens casados.

Por conta dessa permanente aflição, muitos desses homens sonham em pôr um fim à vida dupla. Apesar do sofrimento inicial, costuma ser uma vitória para todos quando finalmente se assumem. "Para as mulheres, é uma libertação, porque elas sentem, durante o casamento ou o namoro, que há alguma coisa errada. Chegam a se culpar por isso. Quando eles contam o que está por trás de seu comportamento, é a solução de todos os mistérios", conclui nossa psicanalista.

Ela teve um paciente casado que resolveu assumir-se e o resultado foi o melhor possível. "A mulher reagiu muito bem. No começo foi difícil, claro, mas depois ela ajudou muito na sua relação com o filho e, mais tarde, com o namorado. A primeira vez que o ex-marido levou o menino para um fim de semana com o namorado, ela entrou em pânico, temia que virasse um bacanal. Ligava toda hora para o filho. Depois, relaxou e acabou num clima harmonioso, inclusive com o namorado do ex, um arquiteto bem-sucedido, culto e de trato fácil."

"TELMA, EU NÃO SOU GAY."

Nossa analista chama a atenção para a extrema melhora na qualidade das relações desses homens casados com seus parceiros, depois que assumem sua sexualidade. "Enquanto estão no armário, têm muita dificuldade de aceitação. Eles se veem como seres tão abjetos que escolhem parceiros desqualificados. É comum relacionarem-se com parceiros exploradores ou de condição social e intelectual muito inferior", explica. Para ela, enquanto esses homens não se livram da culpa, não conseguem ter um relacionamento saudável. "Como a autoestima está no pé, é natural que procurem pessoas fora do seu círculo social."

Outra característica desses homens que vivem escondendo sua verdadeira identidade é exagerar na bebida. "Eles bebem porque não conseguem suportar a aflição de fingir o tempo todo. Bebem para tomar coragem para fazer sexo com mulheres, porque têm medo de falhar e ser descobertos. Ou bebem, simplesmente, para conseguir se excitar", explica.

Sofia: O Edu bem que gostava de beber antes de transar... Aliás, pensando bem, acho que, na maioria das vezes, ele bebia um pouco antes.

Se para "bissexuais" ser descoberto com um igual é o maior dos pesadelos, para muitas mulheres, ser trocada por outro homem é menos doloroso do que ser substituída por uma rival. Selma, uma socialite carioca, ficou desesperada ao descobrir que o marido pedira o divórcio porque se apaixonara por outra mulher. Ao saber que estávamos escrevendo este livro, ela desabafou: "Juro, preferia ter sido trocada por outro homem. Nesse caso, saberia que não tinha como competir, porque gostávamos da mesma coisa. Humilhante, para mim, foi ver meu homem com aquela cafona pavorosa. Uma executiva insuportável. Mas, pensando bem, sabe que ela parece um hominho? Será que meu ex é gay?", debocha.

Está nos genes?

O homossexualismo existe desde que o primeiro homem se esfregou noutro em alguma caverna no começo dos tempos. Já foi naturalmente aceito na Grécia e na Roma antiga, e por várias outras culturas, antes de cair em desgraça e se tornar caso de polícia na Inglaterra vitoriana. Apesar disso, ainda não há qualquer estudo definitivo que explique o interesse pelo mesmo sexo. Até hoje, as respostas para a questão são muito mais emocionais que científicas. "Coisa do demônio", para muitas religiões. "Coisa de safado", para os conservadores. "Se tivesse levado uma surra quando criança, não virava essa bicha", para os mais conservadores ainda. "Doentes", para os que não querem parecer preconceituosos.

O que alguns psicanalistas observaram – mas estão longe de afirmar ser a causa ou a origem da preferência de alguns pelo mesmo sexo – é a existência de algumas coincidências nos relatos de homossexuais ou bissexuais: o pai é fraco ou ausente, ou ambas as coisas, enquanto as mães são figuras muito fortes.

Um terapeuta nos revelou que um de seus pacientes, aterrorizado diante da possibilidade de ser gay, contou ter apagado toda a memória do pai ausente, embora ele já tivesse 15 anos quando o pai morreu. Esse mesmo terapeuta contou que muitos não estabelecem qualquer relação entre sua sexualidade e o comportamento dos pais. "A questão é: será que o comportamento dos pais influencia ou eles já tinham essa predisposição para serem gays? Será possível ser simplesmente uma questão genética?", questiona.

Álvaro afirma que já sabia que era gay aos 4 anos. Desde pequeno, sentia algo muito estranho no ar. Hoje, quando revê seus filmes da infância, reconhece que, pelos trejeitos, era óbvio. Sua homossexualidade era percebida, mas não admitida. Ele conta que sua mãe tinha tanto medo de que ele fosse gay que o colocou em um colégio de freiras para não ter contato com muitos garotos. "Eu sempre fui muito certinho, tirava as melhores notas, era o filho exemplar, porque sabia que, na hora do sexo, não seria mais o filho perfeito. Eu teria que dizer: 'Até aqui fiz o que vocês queriam, daqui pra frente vou viver minha vida.'"

O temor de que o menininho fosse gay modificou os hábitos da família. Sua mãe rejeitava tanto essa possibilidade que aboliu todos os símbolos de feminilidade da casa. Não usava mais saias nem vestidos, parou de usar joias, salto alto, e de se perfumar. "Ela praticamente virou um homem", ele conta. Adolescente, Álvaro mudou-se com a família para os Estados Unidos. Viveram anos por lá. Sem contar nada em casa, passou a sair com homens. Após cinco anos nos Estados Unidos, seus pais voltaram e ele continuou mais alguns meses em Boston, terminando seu curso. Quando voltou para casa, viu a mãe usando um vestido. "Ela estava tão linda que eu até tirei uma foto. No dia seguinte, ela deu o vestido para a empregada. Disse que não gostava mais dele."

Foi então que Álvaro percebeu que não poderia mais continuar a farsa e contou que era gay. A mãe teve um ataque. Gritou, chorou. O pai, por sua vez, não parou de olhar a televisão. Apenas falou que, para ele, não era surpresa alguma. Até hoje, o pai é a figura carinhosa da casa. Quem beija e abraça o filho. A mãe continua dura. Talvez tenha esperança de "endireitá-lo".

Sofia: Meu Deus, essa história é uma loucura. Gente, estou aprendendo demais com este livro. Quantos dramas!

O internauta Fofinho dá sua opinião. Para ele, homossexualismo é genético:

Há pessoas preconceituosas, que não respeitam as diferenças. Estudos recentes demonstram que o homossexualismo pode ter origem genética. Além disso, há outros estudos evidenciando que homossexualismo pode ser geneticamente controlado. Então, ninguém é culpado ou está errado. A preferência sexual está no DNA de cada um, de acordo com a forma como seus genes são regulados. As atitudes contra as pessoas que têm ou expressam esses genes são variadas. Muitos respeitam, outros são indiferentes e muitos não gostam. Eu, particularmente, não tenho nada contra os gays, principalmente sabendo que isso não é uma escolha, e sim algo geneticamente controlado.

Lógico que certas atitudes de uma minoria da comunidade gay são extremas ou muito diferentes do que achamos normal. Mas a maioria trabalha, paga impostos e só quer levar uma vida tranquila. Ao que me parece, os gays são muito corajosos de enfrentar tantas barreiras, e, talvez por isso, sejam mais felizes, pois são muito fortes. Talvez os gays sejam mais homens do que aqueles machões, pois têm coragem de dizer ao mundo que são diferentes, mesmo sabendo que não serão compreendidos. Uma coisa que não gosto é quando gays acham que sou gay. Não os gays assumidos, mas os casados e machões que estão por aí. Como faço natação, bike, corro e jogo polo aquático, tenho o corpo malhado. Acho que sou meio ingênuo também. Demora para cair a ficha. Já levei várias cantadas de homens casados, em torno de seus 40 anos. Já tive até de mudar meu horário de natação porque um gay estava me seguindo e ia tomar banho na mesma hora que eu, só pra me ver pelado. Ele era casado, barrigudo e feio. Só isso me incomoda. Gays que não se controlam e passam dos limites. Só espero respeito, já que respeito os que são "diferentes".

Sofia: Está certo, Fofinho. Mas, se você resolver algum dia "entrar para gay", não fique com drama de consciência. Seja como esses gays corajosos que você descreveu.

Ex-gay existe?

Este é mais um caso sem resposta. A não ser para os fanáticos religiosos, que acham que gays, debaixo de muita reza e pagamento de dízimos, podem virar héteros, constituir famílias e ser felizes para o resto da vida. Será?

Nos sabemos de alguns homens que se relacionaram durante anos com homens, viveram tórridas histórias de amor, e, depois, resolveram casar com mulheres e ter filhos. Leôncio é um deles. Quando o conhecemos, ele tinha um jeito meio espalhafatoso, engraçado, mas só se relacionava com mulheres. Foi noivo, terminou e depois garante ter-se apaixonado perdidamente por outra mulher, colega de trabalho. Namoraram muito tempo. Ela terminou com ele, conheceu um executivo e foi morar com o cara em outra cidade. Leôncio ficou tristíssimo. Depois, ele também mudou de cidade. Veio morar no Rio. Aqui, conheceu Guilherme, um roteirista de cinema culto, educado, que Leôncio assume ter sido o amor de sua vida. Logo foram morar juntos. No começo, Leôncio tinha dificuldade de assumi-lo. Apresentava-o como amigo. Depois, acabou escancarando a relação, mas sempre com certo deboche, fazendo gozação sobre sua nova preferência sexual. O romance acabou de forma triste. Guilherme morreu de leucemia. Leôncio ficou muito abalado. Sempre que falava do companheiro, ele se emocionava. Quando via imagens de Barcelona, dizia que fora o companheiro quem o ensinara a amar a cidade. Depois disso, teve vários casos com outros homens, mas nada muito sério.

Carente e desiludido, Leôncio conheceu uma mulher bem moderna, divertida, carinhosa e desencanada, e começou a namorá-la. Marlete sempre soube dos casos homossexuais de Leôncio. Depois de casados, ele diz não ter tido mais casos com homens. Mas nos confessou que, às vezes, morre de vontade de um corpo masculino. Certa vez, na sala de espera de seu médico, ficou frente a frente com outro cara, bem jovem, e certamente gay. Morreu de desejo. Nessas horas, entra em crise.

"TELMA, EU NÃO SOU GAY."

Sofia: Como diz nosso querido amigo Jorge: "Quem foi rainha uma vez nunca perde a majestade..."

Jorge deve ter razão. A irmã de uma amiga nossa casou-se com um "ex-gay", colega de trabalho. Viveram e trabalharam dez anos juntos, com todas as facilidades que a família do rapaz proporcionava. Até que um dia ele não aguentou mais. A moça não comenta o assunto. Mas, para quem acredita que ex-gay não existe, esse caso é a prova.

Um caso bem mais dramático foi o de um menino que a mãe levou ao pediatra, em São Paulo. O médico desconfiou da sexualidade da criança e alertou a mãe: "Acho que seu filho é gay." A mãe, que sofria calada com as mesmas dúvidas, após o "diagnóstico", resolveu tomar providências. Expôs o menino a um tratamento rigoroso, que envolveu igrejas neopentecostais, orações e visitas a psicólogos. Tudo para fazer o filho virar hétero.

Afrânio, hoje com 35 anos, tem um comportamento completamente apático. "Parece que o cara foi lobotomizado", contou-nos Saul, um amigo gay. Ele não sai de perto da mãe, parece uma criança. É inseguro, não tem amigos, fala e se comporta de forma estudada, como se fosse um robô. Para não correr riscos. "Para mim, o mais estranho nessa história foi o comportamento do médico. Sabe o que eu acho? Que vaca malhada conhece a camarada", comentou Saul. Segundo sua avaliação, ou o médico era pedófilo ou reconheceu na criança comportamentos da sua infância. O fato é que, nessa história, quem teve a vida desperdiçada foi o pobre do Afrânio.

Irene, uma mulher de 40 anos, liberada e divertida, assume um ar sério quando discute a possibilidade de um gay virar hétero. Para ela, isso é totalmente factível. "Eu tinha um amigo que era gay, que vivia com a gente nas festas. De repente, virou hétero. Casou e teve filhos." Perguntamos então a Irene onde estava esse ex-gay. Ela pensou, pensou, e respondeu, seriamente: "Não sei. Acho que morreu."

Sofia: Então tá, queridas, pra vocês verem que não sou tão radical assim, Euzinha da Silva vou contar-lhes uma história de ex-gay, para encerrar esse guia numa boa com meus críticos.

Ah, eu tinha jurado que ex-gay não existia? Pois é, mas eu só soube desse caso inacreditável (!) quando o guia estava praticamente concluído. E não é lorota, não, há várias testemunhas. Vejam só:

O cara, um gay, óbvio, pois se é disso que estamos falando, leva um megatombo de bicicleta e é projetado metros à frente. Bate com a cabeça no meio-fio e tem traumatismo craniano. Fica naquele semicoma por algum tempo, até que vai despertando, lentamente. Quando acorda, está com amnésia. Não lembra quem é o pai, a mãe, nada, nada. Mais alguns meses de tratamento, e recobra a memória. Até lembrar-se de tudo. Menos de que era gay! Não é fantástico?! Podem pasmar à vontade como eu pasmei, queridas. Isso não aconteceu ontem, já faz alguns anos. Sua heterosexualidade está mais do que consolidada, por assim dizer. O cara simplesmente a-do-ra mulheres. É um tremendo namorador. De minha parte, ainda que não o conheça, ficarei torcendo para ele não ter uma recaída.

"TELMA, EU NÃO SOU GAY."

Mas, pelo amor de Deus, graciosas, não vão inventar agora de sair por aí dando martelada na cabeça dos bonitões gays. Ainda não inventaram martelinho de condão. Por favor!

CONCLUSÃO DE SOFIA

Leveza

Numa de nossas conversas matinais para a produção deste guia, no outono de 2009, comentei com as autoras que tínhamos que correr com o projeto antes que ele perdesse sua utilidade. Sim, porque, na minha opinião, do jeito que as coisas andavam, em pouco tempo só existiriam gays nesse planeta. As duas caíram na risada. Gente, eu estava tão obcecada com essa história de gay no armário que não podia mais ver dois homens num carro que já considerava uma atitude suspeita. Para mim, todos os homens eram gays. Até os que não sabiam disso. Cheguei a desenvolver uma teoria de que, se ainda existiam heterossexuais, era por pura falta de oportunidade.

Mal entrava num lugar, e eu já começava a procurar pelos enrustidos. Num restaurante, meus olhos percorriam todas as mesas. Quando dava por mim, estava encarando algum homem, tentando desvendar se ele enganava a mulher a seu lado.

Aos poucos, fui relaxando. No momento em que você extravasa, realmente libera suas mágoas. A cada conversa matinal, o que me restava de ressentimento do Edu foi sumindo e, hoje, essa história não me incomoda mais. Fechei o ciclo. Revi meus conceitos e estou mais compreensiva com tudo. Agora, sou praticamente uma metropansexual. Não quero, em hipótese alguma, ser acusada de homofóbica e, agora, bifóbica! Só falta me chamarem de polifóbica. Não, não.

Ouvir os depoimentos de mulheres que passaram pela mesma experiência, e também a explicação de homens perturbados com sua indefinição sexual, me fez encarar essa realidade de outra maneira.

Isso não quer dizer que baixei a guarda. De jeito nenhum! Continuarei alertando as mulheres para que não caiam na mesma esparrela que eu. Abracei essa causa como uma missão de vida. Num domingo recente, num desses cafés transados, vi um ator da novela das oito tomando café da manhã com outro cara. Meu gaydar apitou na hora! Lamento, mas não posso acreditar que sejam apenas bons amigos que marcaram um encontro de manhã. Com aquelas caras amassadinhas de sono? Meu gaydar também apita forte quando vejo duplas masculinas, no cinema, sábado à noite. Aí, só existem duas opções: ou são gays ou são muito machos para ignorar os comentários alheios. Se o filme for *Brokeback Mountain*, desconsidere a segunda opção.

Não interpretem esse meu comportamento como uma caça às bruxas. Não tenho o menor prazer em desencavar alguém que está metidinho lá no fundo do armário. Pelo contrário. O que eu gostaria mesmo é que essas pessoas assumissem suas preferências e vivessem felizes com suas escolhas. Ninguém no mundo merece viver numa mentira. Eu até tenho pena desses sujeitos que passam a vida dissimulando. Só que tenho mais pena delas. O cara tem todo o direito de tornar a própria vida um inferno, mas arrastar mulheres desavisadas é covardia.

Agora, existe outra situação: o "pacto perverso". O cara é gay e a mulher é frígida. Os dois se dão muito bem por causa disso. Eles simplesmente não transam. Ela não gosta de sexo e ele não gosta de sexo com mulher. Perfeito. São duas pessoas que juntaram a fome com a vontade de comer. Ou melhor, a inapetência com a anorexia. Kkkkkkkk.

Sofri muito quando entendi que Edu me usara o tempo todo, embora ele insista nunca ter me traído, "nem com homem nem com mulher". Ele não consegue enxergar que traiu nossa amizade, nosso amor. Mas isso é página virada e guardei uma ótima notícia para o final.

No ano passado, já liberta de meu trauma, em plena turbulência num voo Frankfurt–Londres, conheci o Zeca, um veterinário charmosérrimo, interessantíssimo, que me ama e me leva às nuvens. Creiam, queridas, como W. bem me alertou, ainda existem homens que desejam muito a nós, mulheres. Aprendam a identificá-los. E deixem que os gays cumpram seu destino.

Um beijo grande da

Sofia

CONCLUSÃO DAS AUTORAS

Siga a sua intuição

Durante almoço com um amigo, hétero convicto, comentamos sobre o nosso projeto. Ele nos escutava, atento, enquanto seu rosto ia adquirindo uma expressão de felicidade. A princípio, imaginamos que fosse somente pelo alívio de se ver escapando de nossas peneiradas. Mas era mais do que isso. Gordo, careca e relaxado com as roupas, ele encarava a coisa por outro ângulo, que nos havia escapado: "Imaginem como não vai chover mulher em cima de um cara como eu depois desse guia! Me tornarei o protótipo do homem em quem elas podem confiar."

Nosso amigo ficou tão empolgado que chegou a nos ligar algumas vezes para perguntar sobre o andamento do livro. Ele está realmente convencido de que terá um batalhão de mulheres atrás dele depois de nosso guia levantar suspeita sobre homens lindos, sarados, vaidosos, extremamente bem-vestidos, sofisticados...

Preocupadas com a imagem distorcida que ele criou de nosso guia, achamos fundamental esclarecer alguns pontos para vocês, caras leitoras. Prestem bastante atenção: o que nós descrevemos nesses dez capítulos são típicas situações de alerta, mas não são as únicas. O gaydar de vocês tem que funcionar sob qualquer condição meteorológica. Ou vocês acham que o Maracanã não está lotado de gays? Não estamos falando das torcidas abertamente homossexuais, como a Flagay. Estamos falando de um monte de gays enrustidos que usam o futebol como uma forma de fingir masculinidade. Dentro e fora de campo! Sim, saibam que o homem elegante na primeira fila do Municipal, encantado com um concerto de Beethoven, pode ser muito mais macho do que aquele peladeiro. E que o cara que lê poesia e se emociona com um bom romance pode ser muito mais viril do que aquele lutador de luta livre se atracando com outro no ringue.

No livro, damos dicas preciosas para poupá-las da armadilha do gay no armário. Mas só vocês saberão distinguir se o seu príncipe é ou não uma Cinderela. Portanto, se aquele gato sarado, gostoso, inteligente, sensível, de bom gosto e dono de um galgo chamá-la para sair, se encantar por você e tiver uma pegada merecedora do Oscar, não fuja. Afinal, você pode estar diante do macho perfeito. Então, querida, aproveite!

Um beijo
As autoras

CONCLUSÃO DE W.

O prazer de ser hétero

Mulheres, amo vocês.

W.

Este livro foi composto na tipologia Rotis Serif 55,
em corpo 11/18, impresso em papel off-white 80g/m²,
no Sistema Cameron da Divisão Gráfica
da Distribuidora Record.